非上市公司

股权激励

实操手册

单海洋◎著

中信出版集团 · 北京

图书在版编目（CIP）数据

非上市公司股权激励实操手册 / 单海洋著. -- 北京：
中信出版社，2017.6 (2023.4 重印)
ISBN 978-7-5086-7416-2

I. ①非…　II. ①单…　III. ①公司—股权激励—中国
—手册　IV. ①F279.246-62

中国版本图书馆 CIP 数据核字（2017）第 063790 号

非上市公司股权激励实操手册

著　　者：单海洋
出版发行：中信出版集团股份有限公司
　　　　　（北京市朝阳区东三环北路27号嘉铭中心　邮编　100020）
承 印 者：北京诚信伟业印刷有限公司

开　　本：880mm×1230mm　1/32　　印　　张：9　　字　　数：162 千字
版　　次：2017 年 6 月第 1 版　　印　　次：2023 年 4 月第 16 次印刷
书　　号：ISBN 978-7-5086-7416-2
定　　价：48.00 元

·目　录·

·引 言·

天机：领袖的智慧

“己所不欲，勿施于人，欲立立人，欲达达人。”

股权激励不是企业家一个人的事，也不是企业家一厢情愿就能做好的事，要想实现“上下同心，上下同欲”，需要企业家修炼“度人”的能力。

领袖，就是将别人的梦想，当作自己的使命的人。领袖是标杆，领袖是山峰，没有一位企业家不希望自己成为一名领袖。

企业家是企业的大家长、主心骨，一位成功的企业家必有博大的胸怀。很难想象，一个人没有宽阔的胸襟，没有强烈的责任感，却能做出伟大的事业来。一位真正优秀的大企业家，并不仅仅局限于经营好自己的企业，还需有心系天下的情怀，有与生俱来的使命感和责任感。心态决定行为，拥有广博的心胸，才能成就伟大的事业，成为现代社会里的领袖英雄。

每个人在少年时期，都曾经做过英雄的梦。那些武侠小说、战争影片中的金戈铁马、快意恩仇无不使人心潮澎湃。在现代商业社会里，人人都在商场的红海中奋力搏杀，每人都在争得自己的一席之地。然而回头想想，这些努力往往是为着一份信念，一份走向成功的、实现梦想的信念。每个企业员工，都有自己的信念，而我们作为企业家，掌控着一家企业，肩负了多少员工的信念，又担负了多少员工的希望。企业家作为引领企业前进的人，是否曾无数次感受到自己肩头担负的沉甸甸的使命感呢？如果你曾有过，那么你又是否想过企业的未来、企业的使命和企业的愿景呢？所有的员工，都是追随着他的梦想来到企业的。他们追随你，是基于对企业的信任，相信企业可以给他平台，帮他实现自己的愿景。作为企业家、作为企业的领袖，时时刻刻都要记得修炼自己、修炼企业、度己、度人。能够干好一件事情，也许不是因为坚持，不是因为目标，不是因为面子，但一定是因为喜欢。

企业治理智慧是管理界近年来常用的一个管理名词，所讲的是企业的管理理念和经营方略。这个听起来很有意思的词语，让很多企业家不断地苦苦追寻和探索，因为这里面蕴含着丰富的企业管理真谛。

道家讲，无为，而无不为。圣人终不为大，故能成其大。以其不争，故天下莫能与之争。以其无私，故能成其私。

企业治理的第一重境界在于经营。企业不是在奋斗当下，就是在奋斗未来。要么引领企业得到当下，要么引领企业得到未来。企业治理的第二重境界在于交换，不谈直接物质的得到，而去研究精神的共生。达到了精神的共生，再得到物质的满足。精神和物质无法分离，有精神高度的企业一定会获得物质的满足。

在企业里，做股权激励，不是企业家一个人的事，也不是企业家一厢情愿就能做好的事。要想让股权激励真正发挥作用，从思想层面来说，有一个重要前提，即要“上下同欲”。而要实现上下同欲，企业家需要具备一定的企业治理智慧。其核心在于与核心高管共创、共享、共生、共荣，形成事业命运共同体。

当一个人不懂得感恩的时候，永远不会得到幸福，幸福来自收获，但收获不代表有幸福感。什么样的情况下，人可以感受到幸福呢？一个关键的点在于感恩。企业员工的感恩来源于企业为我做的事情，为我提供的支持，为我创造的机会和平台，为我提供的富足的生活条件。当一个人开始有收获、知道感恩的时候，那个叫幸福感的东西才会涌现。因为一个人感恩的时候他懂得了生命的圆满，当生命圆满了，幸福感自然涌起。所以如果一个人永远把目光停留在还有哪些东西我没有得到，他永远不知道感恩。

佛家所谈的是当下的感觉，人在当下，感受到了幸福后，接下来便有了新的动力，去不断追求那些未知的、新的东西。在这一点不断地突破，叫作知足但不满足。凡是轻易能得到的，人往往不会尊重和珍惜。不仅是股权激励，团队、夫妻相处、人际关系，都是同一个道理。

每一家企业都崇拜英雄，而企业家就要做企业里最大的那个英雄。今天员工愿意追随企业家，是因为他们觉得企业家能够带着他们奔向他们理想的彼岸。换句话说，企业家能帮助他们实现他们心中的梦想，但是，员工愿意追随现在的企业家，不代表他们以后也愿意一直追随下去。企业家必须能够让人发自内心地信服、敬畏、愿意追随。如果员工内心没有这种敬畏，他们终究会全部离开。企业家所能带给人的最重要的是未来。你能带来未来而别人不能，于是别人敬畏你，你描绘的未来是他们心中所愿，于是别人追随你。你计划的未来中有你也有他们，于是别人爱戴你。

对于企业来说，因为一家企业不会把天下资源全部占尽，所以要学会赡财，实际上在企业当中可以把它称为职业生涯规划。所谓赡，我们常说说赡养长辈，赡养父母。企业家要把员工当作亲人一样。企业家对员工的成长、员工的发展有不可推卸的责任和义务。所谓财，指的是财富，这里指的是科学的薪酬机制。股权激励是薪酬机制的一个环节，所以叫赡财。

除了赡财，企业家们还要接礼励义。所谓礼，它的最高境界是秩序。国家有秩序，家族有秩序，企业有秩序，古时候叫君君臣臣父父子子。所谓励，是指鼓励，也可以延伸为教育。所谓义，指的是义气、仁义、忠义、感恩、奉献、付出、忠诚等。

在一个企业当中，企业家能做到赡财，为员工设定科学的职业生涯规划，包括企业的发展规划，提供很好的薪酬模式，就能吸引更多的人才。但是如果希望别人与你同生共死就必须做到接礼励义，接礼是在日常工作中，平时生活中永远要以礼相待，人格是平等的，还要让别人感觉到什么叫责任担当、忠诚与奉献，换句话说叫礼下于人，叫攻心。如果企业家能做到这一点，天下有识之士恐将慕名前来。

《六韬》讲:“天下非一人之天下，乃天下之天下也，同天下利者则得天下；擅天下之利者，则失天下。天有时，地有财，能与人共之者仁也。仁之所在，天下归之。免人之死，解人之难，救人之患，济人之急者，德也。德之所在，天下归之。与人同忧同乐，同好同恶者，义也。义之所在，天下赴之。凡人恶死而乐生，好德而归利，能生利者，到也。道之所在，天下归之。”

第一章

股权激励：企业的金字塔

"股权激励不是基于过去的贡献，而是基于未来的创造。"
股权激励的出发点往往是"私心"，但其终极目标是"共赢"而非"博弈"。企业要想走得长远，必须要在团队中注入思想、导入文化，从而形成企业独特的灵魂。

股权激励并不“高大上”

对企业“上心”，为企业“操心”

在“创新、创业、创优、创未来”的大势下，“股权激励”这个词近年来变得尤为火热。企业总是缺钱、缺人、缺激励，然而又找不到最优的解决办法。众多企业家为此苦恼不已，想做股权激励，又不知从何处入手、何时入手；颤颤巍巍做起了股权激励，又不知关键在哪儿，悬着的一颗心总也放不下。

其实，股权激励本身是很容易解释的，但想做优、做精却并不简单。股权对内叫激励，对外叫融资。我们用最简单的语言来形容股权激励，就是企业为你旗下的员工发放适当比例的公司股权，让他们享受到因此而带来的经济收益和决策权力。这些员工和公司共分利润、共担风险，从而“劲往一处使”，全心全意地推动企业向前发展。

股权激励这个词，西方社会曾给出一个比较正式的定义：“将公司股份或者与股份有关的增值权，以某种方式授予企业的高层管理人员和技术骨干，使他们能够分享因企业成长而带来好处的制度安排。”这个时候将股权激励的对象定义为高层管理人员和核心骨干，提供的是股份和股份增值权。

在了解学习了西方社会的股权激励模式后，近年来我们将股权激励的核心进行了内化，拓展出了中国化的股权激励模式。这样的模式更新、更巧、更丰富，也更对我国企业的胃口。

我们不愿给这种新的模式下定义，只是希望并相信，股权激励是实现企业家创业梦想的终极王牌；而且，也相信股权激励能够真正让员工发自内心地奉献和担当，这是他们自动自发工作的动力和源头。同时，股权激励还能用社会的财富、未来的财富、员工及企业上下游的财富，在企业内部建立一套让所有利益相关者共赢的机制。

这是一种授予标的更多、激励群体更广的供应机制。从授予标的来讲，股权激励用的是社会的财富、未来的财富、员工自身的财富，甚至包括企业上下游的财富，而不仅仅是企业股权或与股权有关的增值权——授予标的的范围要广得多；从激励群体来讲，不仅仅局限于企业的高层管理人员和技术骨干，而是所有的利益相关者都可以获得。

21世纪，最重要的是人才。股权激励最终要落实到对人的激励。股权激励的核心，是要让被激励者从打工者变为企业主人翁，将自身利益与股东利益紧密结合，积极主动地关心企业的长期健康发展与价值增长，推动企业一步一步走向辉煌。

这样做其实就意味着，企业家为了推动企业的发展，通过股权调动起了有资本、有资源、有智慧、有能力的人才。这些人才有领导的认同，又有股权的激励，自然会像掌门人一样，对企业“上心”，为企业“操心”。

股权激励并不是上市公司的专利

也许有人会提出异议：做股权激励的往往是大型跨国公司、上市公司、龙头企业，对我们这些非上市企业，甚至是刚刚起步的小企业来讲，这个时候谈股权，会不会太早、没有必要呢？其实，企业家们要知道，非上市公司当中股权激励做得好的企业可以说数不胜数，在众多上市企业中，也有很大比例的企业，上市前就开展了股权激励。股权激励是企业对内的激励，对内激励的目的就是为了快速做大。不管是对内的激励还是对外的融资，我们首先要解决的，其实是企业的自身发展问题。企业的自身发展离不开企业的绩效目标，绩效目标完成得好，企业发展得好，就会有更大的机会上市。这期间有比较松散的因果联系在里面。

我们现在看到的华为公司，就是一个很典型的例子。当初任正非凭借着几万元、几个人开始创业，2015年，华为已发展成为年产值千余亿，员工将近17万人的企业。在创业初期，华为没有从银行贷到一分钱，也无法从资本市场获得一分钱的投资，全部凭借在内部实行股权激励，聚集了企业发展所需要的资金，最终发展到今天这样的规模。

股权激励并不是上市公司的专利，也并非只适用于上市企业，恰恰相反，股权激励在非上市公司成功的概率更大。员工早一天“当家做主”，和企业同进退，整个企业才能早拧成一股绳，为自己的业绩、部门的业绩、企业的业绩出工出力。

愿分是胸怀，会分是智慧

很多企业家看到这里，都对在自己的企业内部导入股权激励产生了一点兴趣。但在这里，有一个重要的概念，一定要先立在心里，那就是“激励”的概念。

股权激励重在“激励”两个字，它的主要评判标准是基于对未来的创造，而不是基于对过去的贡献。如果是基于对过去的贡献，则叫作“奖励”，而不是“激励”，因此，切不可将两者混淆。

许多企业之前进行过股权激励，往往都是按照现任工龄、现任职务等标准进行等级划分。什么人在什么岗位上工作了多少年，应该获得多少股份，等等。结果呢？股份分下去以后可能会适得其反，因为这种股份分配的方法会让所有人都觉得不公平。所有工作过的人都应该有这种体会：“我是这个部门里最有能力的”“我是对公司贡献最大的”“没人比我在这里待的时间更长”……所有人都会认为，我对企业的贡献最大，这么一分，大家都不满意，大家互相不服。不但没起到激励作用，还会适得其反，激化企业内部的矛盾。

这还不是最糟的，更糟的是，这些拿到股权的员工会认为，这些股份本来就是我应该得的，你之前没给我，是你欠我的，现在还给我，我也没必要对你表示感谢。这可不是什么好现象，站在企业家的角度，往往是“赔了夫人又折兵”。权力下放了，股权分配了，利益共享了，该起到激励效果了吧？企业内部的风向却变了。

制度是表象，人性是根本。愿分是胸怀，会分是智慧。错误的起点就决定了错误的终点，凡是用股权奖励的思路来做股权激励的，这个思路出现的那一刻，往往就是企业走向下坡路的那个转折点。为什么转折、怎么做才能避免这样的问题出现，还需要在下文中细细讨论，但这个概念一定要在我们企业家心中扎根，那就是：奖励不等于激励。奖励是基于过去的贡献，而激励是基于未来的创造。

着眼未来、利益共享、风险共担

企业初入股权激励世界的时候，会在设计股权激励方案时面临很多技术难题。企业该拿出多少股份激励员工比较合适？该如何给不同层次的员工分配股份？虚股和实股如何选择？股权以什么价格出让？股权激励的模式都有哪些？在不同的阶段采用哪种股权激励模式更恰当？股权激励模型找谁设计、如何检验……笔者从事企业股权激励研究的十余年里，为各行各业的企业家们解答过无数次这些问题。这些问题虽然看似基础，涉及的关键却千千万万。想要在短时间内有效学习，还真不是件容易的事情。

如果你的企业现在还没有进行过股权激励，那么你可以尝试开始着手了，接下来，我们就来说说如何搭建这座股权金字塔。

股权激励的四维模式是"华一世纪"企业顾问团队在总结大量股权激励咨询项目经验的基础上，结合不同类型、不同发展阶段的企业特点和需求，独创的股权激励设计和实施控制模型。四维模式拥有足够强大的心脏，即适应性和调整机制，能够针对不同企业现状与发展前景“私人定制”股权激励方案，同时还可以提供“一揽子”解决方案，用来应对股权激励实施过程中面临的突发问题，并保证股权激励执行期间的实施效果。可以说，四维模式能够有效地解决企业在实施股权激励过程中面临的绝大多数困惑。

顾名思义，四维模式从四个维度对股权激励的关键做出了定义和规范，它指的是，企业在推行实施股权激励时，可以从四个不同的维度综合权衡，随时查漏补缺、进行调整。这四个维度分别是激励目的、激励对象、激励时机以及激励机制。

第一个维度是激励目的。企业要在一开始明确自己为什么要推行股权激励，这是股权激励之源。如果目标不明确，方向不清晰，“拍脑袋”做决策，那么股权激励终究会失败。而且，就算企业明确了推进股权激励的目的，但如果这个目的充满了“负能量”，动机不纯，也是不行的。企业寻求发展，推行的制度却在开倒车，势必难逃失败的厄运。因此，企业要先想明白自己为何要做股权激励，明确目的，点明方向，是推行股权激励的重中之重。这第一步迈得从容有底气，企业之后的步子才能走得顺顺当当。

第二个维度是激励对象。企业推行股权激励，激励对象都包括哪些人呢？按照传统的思维习惯，企业激励的重点主要是公司的董事、高级管理人员，以及对公司未来发展有直接影响的管理骨干和核心技术人员。现如今，股权激励的思维在慢慢转变，越来越多的普通员工也被纳入激励对象的范围。需要注意的是，企业在确定激励对象时，不能跟风，也不要固执，要综合考虑企业未来几年的发展趋势，同时综合考虑内部员工结构、员工职务、员工个人能力等相关因素，力争“一个不多、一个不少”。使股权激励能够切中企业发展的痛点，为企业的发展添砖加瓦。

第三个维度是激励时机。企业应该在什么时候推行股权激励呢？各家企业所处的发展阶段不同，企业的性质、规模不同，实施股权激励的目的和偏向的重点也不一样，选取股权激励的时机自然也会产生很大的区别。在这一维度的研究中，我们把企业发展分为初创期、发展期、扩张期、成熟期、稳定期等几个阶段。在不同的企业发展阶段，针对不同的激励对象，需要采用不同的激励方法，有的放矢，才能切实解决企业的问题。

第四个维度是激励机制。企业所处的行业不同，运用的激励机制自然不同；企业处于不同的发展阶段，运用的激励机制不同，同一发展阶段中，针对不同的群体，激励的机制也不同。因此，要根据企业所处的行业、发展阶段、所要激励的群体对股权激励机制进行调整。千人千面，为不同企业定制适合其特点的激励机制，并在执行中优化调整，是此维度存在的意义。

明确了四个维度的基本问题，企业就可以开始着手股权激励方案的制订和实施。在股权激励方案的设计层面，切记要统筹规划、科学计算、缜密安排：分析企业现状，根据企业发展实际，选择合适的时机，针对不同的激励群体，组合使用多种股权激励方法，构建适合本企业的股权激励整体方案。另外，在执行层面也不能掉以轻心。一个好的方案，必须要实打实地落地执行才能收到好效果。执行中应注意哪些问题，如何让股权激励接地气，避免企业走弯路，都是企业家在推行激励机制过程中要严格监控的。

适合的才是最好的，生搬硬套别人的模板是不行的。企业一定要做出适合自身发展的股权激励方案，形成“着眼未来、利益共享、风险共担”的激励机制，才能够充分发挥核心人才的价值潜能，达到企业家与高管同心协力向前进的效果，共同做大企业的“蛋糕”。没有谁希望自己的企业一直庸庸碌碌，原地踏步。梦想还是要有的，万一实现了呢？

何时垒下金字塔的“第一块砖”

给予别人希望与未来

在读本书之前，有的企业家可能会认为，只有大企业才需要做股权激励，其实不然，小企业也需要做股权激励。“既然不能给予别人现在，就要给予别人希望与未来！”企业越小越要进行股权激励，因为和大企业相比，小企业一无资金，二无技术，三无品牌，拿什么吸引和留住人才？靠的就是股权激励。股权激励对企业吸引和留住核心人力资本、创造利益共同体、激励业绩提升、减少短期行为、促进长期发展有着重要的意义。

我们的企业从时间维度上来看，都存在一定的发展周期，这个周期是有规律的，一般从创立的那一天开始，进入初创期，然后慢慢进入发展期、扩张期，直至成熟期，最终稳定下来，进入稳定期或者上市。从时间周期上讲，也许是10年、20年，或者更漫长的时间。那么，股权激励是不是放之四海而皆准呢？是不是在所有的企业中、企业发展的所有阶段中都适用呢？

企业发展可以分为几个阶段：初创期、发展期、扩张期、成熟期、稳定期。

无论是在初创期、发展期、扩张期、成熟期还是稳定期，不同性质、不同规模的企业，或者同一企业处于不同的发展阶段，实施股权激励的目的大不相同。

之前我们做股权，会比较容易地认为，股权激励切入的最佳时期在扩张期。这个时候企业的规模不算太大，但是拥有极大的发展潜力。这个潜力不是企业画饼画出来的，是上至管理层，下至员工都能实实在在看到的。股权激励在这个阶段切入，能够很容易产生巨大的爆发力。

在初创期和发展期，企业还很弱小，上至合伙人，下至员工，都很难看到企业未来的发展前景，难以估量企业的价值。企业的股权“不够值钱”，所以想要激励团队，就只能拿出更高比例的股份。这无异于“饮鸩止渴”，后患无穷。

什么叫初创期？初创期不应按照企业存在的时间长短来界定，而应按照企业的成熟程度来界定。初创期有个典型的标志，就是创始人还在尽自己的一见之责、一专之能、一技之长，职业经理人、各个部门的负责人还不能够独当一面。创始人如果离开企业三天，就会电话不断，心神不宁，寻思着“家里”会不会发生什么事。离开创始人，这个企业就转不动了，哪怕这个企业已经存在 10 年、20 年了，也还是处于初创期。

相反，一旦企业发展到了一定阶段，整体趋于成熟和稳定后，股权激励就仿佛往海面上扔一颗石子，即使扔进去，也砸不出多高的浪花。因为企业规模已经非常庞大，企业发展也稳定下来，增长逐渐放缓，即使进行股权激励，受客观条件的限制，效果也就不尽如人意了。

企业越小越要做股权激励

时至今日，股权激励的重要性已经不容忽视。因此，再像以前那样，简单地遵循企业发展的步调做股权，已经显得有些呆板，思路也跟不上。在针对企业的每个阶段进行细致的分析和梳理之后，我们终于得出一个结论，那就是："企业在任何时候都需要开展股权激励，而且企业越小越要做股权激励。"

现在不是"酒香不怕巷子深"的时代了，市面上的人才就那么多，你不去探寻，得到后又不珍惜，优秀的人才自然不会留在企业里。

当然，小企业、"早企业"做股权激励需要针对其特点，制定完整的分配机制和方案。进入成熟期的大型企业，如果之前没有做过股权激励，或存在股权激励的瓶颈，也需要根据现状重新进行调整。"不谋万世者，不足以谋一时；不谋全局者，不足以谋一域"，如果要做股权激励，就要对企业的发展有非常长远的规划，最起码能有 5 年、10 年、30 年，甚至是永久。真正要考虑全局，要看到企业整个未来的发展形态，充分考虑到企业在不同发展时期的管理方式。

初创期企业最重要的核心目的是吸引并留住对企业整体业绩和持续发展有直接影响的管理骨干和核心技术（业务）人员。在这段时间里，企业需要多多学习了解股权顶层设计，并且尝试推行超额利润激励法和在职分红激励法，这两种方法对企业初创期帮助很大，企业如何留人、如何挖掘人才、如何寻找带队将军，在这个时间段显得尤为重要。

初创期可以做股权激励吗？当然可以。企业在任何发展阶段都可以做股权激励，只不过在不同的发展阶段，股权激励的模式不一样。处在初创期时，团队不成熟，建议企业做虚拟股权激励，也就是在职分红激励，100 多年以前叫“身股激励”。职业经理人，以身为股，以能力入股——公司不用他投资一分钱，亏损时不需要他负责，赢利时可以跟企业家一起分利润；有分红权，但没有表决权和所有权，离开企业自动失效。

建议企业在初创期尽量不要给员工注册股，因为当团队还不成熟，特别是员工贡献的意愿不够强、对公司还不太信任时，如果想留住一个人就一步到位把他注册为股东，那就为企业埋下了一颗定时炸弹。除非这个人已经从内心完全认同企业，过去想给他股份却不知道怎么给，如果不是这种情况，千万不要贸然把他变成注册股东，否则后患无穷。股权激励是一把双刃剑——不做可能是等死，做得不对可能是找死；如果不懂得如何去运作股权激励，企业内部就会出现问题，如果做得好，则可以快速推动员工的成长与进步。这就好比核能，核能可以用来发电造福人类，而一旦发生危险则人类甚至整个地球都会被毁灭，同样，做股权激励也只许成功不许失败，要绝对保障它的安全性，在可控的安全范围内操作。所以如果公司的核心高管还不太成熟，就只能用虚拟股权激励，只有分红的资格却没有决策的权力。

发展期，企业更看重如何调动员工的工作积极性和潜力，为公司创造更大的价值。虽然脱离了初创期的立业压力，但这时的企业还不稳定，股权激励方法也不宜做过多的调整，还可以沿用之前推行的超额利润激励法和在职分红激励法。

扩张期，企业已经渡过了最困难的阶段，面临的重重障碍都有所缓解，资金、人才也慢慢聚集起来，一部分企业可以根据所处行业的特点，考虑建立分公司或者子公司，在行业版图上进行扩张、圈地。这样一来，我们就可以引入一些其他的股权激励模式，除了超额利润激励法和在职分红激励法之外，还可以尝试推进注册股激励模式，给企业的扩张添砖加瓦。

成熟期，企业经历了初创的困苦、扩张时的冲刺，终于可以慢慢稳定下来，回过头解决一些企业内部存留的问题。往往这时候的企业内部，人才已经经历了几轮的洗刷，留在企业中的员工，不是功勋卓著的企业元老，就是能力超群的新贵饱学。分公司中的股权激励推行已经自成气候，这时就要在总部集团内部推行不同于其他分公司子公司的激励模式，比如采用集团股激励的方式，调整结构，推动企业稳步前行。

稳定期，集团化的企业往往面临上市或已经上市。此时企业巨兽已经可以收敛侵略性的光芒，有能力回馈员工、回馈社会。企业在这个阶段往往会使用各种方法，回报老员工，使他们甘为人梯，扶持新人成长，从而维护企业持续稳定运转，不会因为人才断层而产生震荡。这时集团总部应该做的，就是在分公司和子公司推行注册股重组，同时针对上市企业的特点，尝试推行适合上市企业的期权激励，并不断完善优化，让企业这头“巨兽”变得温柔而富有人情味。

“共赢”，而不是“博弈”

上面我们提到了很多不同的激励方法，它们适用于企业的不同时期。一家企业想要从零开始做股权，首先要对企业有明确的了解，知道自身的定位，无论时间还是空间。这些方法看起来复杂、难以理解，实则都有模式可循。在此我们只需对其稍加留意即可，后文中我们会用大量案例和数据，一一剖析这些激励方法。

在企业内部我们所需激励的对象有行政、人事、总裁办公室、后勤部门。外围有专家和行业领军人，这是我们的股权激励对象，但是企业在发展的不同时期，我们对对象的激励是循序渐进的，不同的阶段并不一样，一开始，企业激励内部核心高管，后续随着股权激励的推进，激励主体也会有所变化，企业家们对此也要有所了解。

一家企业想要实行什么样的政策，走什么样的路，都必须有目的性。没有目的的企业是盲目的。企业选择实行股权激励制度，必然有其目的所在。在企业发展的不同时期，股权激励要解决的问题也不一样。在选择导入股权激励的时机时，也要低下头仔细审视一下企业眼前的主要矛盾是什么。适时导入股权激励可以在一定程度上帮助企业缓解甚至解决这些矛盾。

做股权激励时，一定要避免重利轻义、导向错位。利，是指利益；义，是一种精神的追求。企业进行股权激励，如果目的仅仅是为了追求利益最大化，极有可能走入误区。

很多企业都在寻求上市，因为上市能够带来很多好处：可以融资、宣传企业的品牌、增加企业的营收和利润、实现更多的财富梦想。所以很多企业在临近上市之前，都会进行股份制改造，在股份改造过程中对管理层进行股权激励，其目的只有一个，那就是让公司尽快上市。但事实上，企业上市只是企业经营发展过程中的一个阶段，并不是企业的最终归宿。如果所有的企业都以上市为目标，那么一旦企业完成了上市之后就没有目标了，企业失去发展方向是件很危险的事情，一念之间，就可能走向衰退。而企业的核心高管，经过多年的努力打拼之后，终于使企业成功上市，所有人都等着分享企业上市带来的成果，从而失去奋进的动力。所以说，如果做股权激励，仅仅是以上市为目标，以物质和利益为导向，而忽略企业更多的精神内涵，那么企业上市之日，也就是企业的衰退之时。上市可以驱动企业快速发展，但它不是经营企业的最终目的。

有的企业家认为，把以前的有限公司变成一个股份公司，目的是为了上市。实际上这里面有一个逻辑错误。一个公司要上市，前提是它必须为股份公司，也就是说上市公司在上市之前进行内部股改是必需的。但是，股改却不一定要上市，也就是说，无论是在有限公司还是股份公司里进行股权改革、股权激励，企业都未必一定要上市。所以当企业家把自己的企业和员工，引导到唯有上市这一座独木桥上的时候，反而是非常危险的。企业家最忌讳的，就是对员工说：企业的终极目标就是为了上市。上市是企业发展的一个不错的选择，但上市不是企业的终极目的。

股权激励的目的，如果用两个字来表达，叫作“共赢”，而不是“博弈”。这是进行股权激励的核心目的。如果偏离了这个目的而做股权激励就很危险，最终可能会败得一塌糊涂。现在有很多企业家愿意和企业的核心高管一起学习股权激励，这就是一种非常开放的心态、共赢的姿态。股权激励绝对不是站在企业的角度去算计员工、算计客户、算计上下游，如果企业家的起心动念出现了偏差，那么股权改革的技术越高明，自己的企业就会死得越快，正所谓“动机殊胜，方能成果圆满”。企业要想真正走得长远，必须在企业团队当中注入一种思想，导入一种文化，必须要有企业的精神和灵魂，在企业内部建立一种精神穹宇，真正做到上下同欲。

不同的激励机制可以达到不同的目的

企业在不同的阶段，用不同的激励机制可以达到不同的目的。实际上，作为一个企业，在进行股权激励的时候，通常是为了达到以下一些目的。比如回收核心权力、安抚老员工、降低人力成本、对内留住人才、对外吸引人才、提升公司的业绩和利润；规范和约束管理者的短期行为等。这其中，比较直观的当属回收核心权力、安抚老员工、降低人力成本三项，下面我们就来细细讲一下这三个部分。

首先，是为了回收核心权力。

假设股权激励的起心动念是“共赢”，那么企业在发展到不同的阶段，面对不同的对象时就有不同的激励目的。比如企业发展得比较成熟时，老员工会越来越多，其中有些老员工确实为企业做出了巨大的贡献，但在企业发展过程中，有可能已经不能再适应企业的发展了，这时就需要“股权释兵权”的激励方式，回收被这些老员工分走的企业核心权力。

“杯酒释兵权”的故事大家都读过。这其实是一个很好的分享胜利果实的案例。当时北宋大局已经初定，只剩下北方和西北的少数民族尚未臣服。接下来宋朝需要以治国为主，向外开拓疆土被放在了次要位置。当时的宋太祖面临重重困难，因为武将们掌握兵权，日益强大，对朝廷构成了直接的威胁。于是宋太祖接受了宰相赵普的建议，变相削掉武将们的兵权，推行文人治国、文人治军的理念，解除内部的军事威胁，防止武将们功高权重之后有不臣之心。

几乎所有的开国皇帝都曾有诛杀功臣的行为，宋太祖却“杯酒释兵权”，采用和平手段，不伤君臣和气就解除了大臣的军权威胁，成功地防止了军队的政变。一方面来看是宋太祖为中央集权所做的重要工作，另一方面也做到了与广大功臣分享胜利果实。与宋太祖一同创业的元勋虽然被削掉了兵权，但却得到了高官厚禄，以及皇上的信任，是一件大幸事。这非常值得后人借鉴。

联想到我们的企业管理，也是如此。经过艰苦的创业之后，企业终于有了一定的规模，想再上一个台阶时，却发现原有的创业伙伴不是功高震主，就是不能再适应企业新时期的发展需要。这个时候不管是抛弃一同创业的伙伴，引进新的高管，让企业轻装前进，还是让有功之臣继续留任，对企业家来说，都是一件难以抉择的事情。如果我们将宋太祖“杯酒释兵权”这个案例，应用在曾经为企业做出贡献的功臣身上，则不再是两难选择。企业和企业家让出部分股权，功臣们退出重要岗位，两者各取所需——既让企业能够做到轻装前进，曾经为企业做出了巨大贡献的功臣们也可以安心享受自己所创造的成果。

很多企业在发展到一定阶段、一定规模之后，产生震荡，企业发展开始停滞不前，甚至倒退，其原因很大程度上是因为企业家不懂得分享，不愿意分享，个人控制欲太强，最后的结果就是企业分崩离析，一蹶不振。

进行股权激励，可以和平地将高管所要的名声、利益提供给他，但是做事的实权，则被和平稀释了。企业家要让高管把位置让出来，给更合适的人来做，这是一种共赢的方式，也是维护企业内部稳定的方法之一。企业家们一定要牢记，现代社会只有分享才会有发展，只有分享才会有更多的人加入，只有分享才会有人来帮助我们完成自己的梦想。

其次，是为了安抚老员工。

安抚老员工和回收核心权力是两个概念。安抚老员工几乎是出于一种无奈和被迫。老员工本身不具备分享股份的能力，他们有水平、有能力，但固守旧的人际关系和思维模式，阻碍企业吸纳新的人才。企业向社会招贤纳士，推行新的政策和新的工作方法，老员工们心有不甘，虽然嘴上不承认，但在工作过程中，难免给新引进的人才一些“下马威”。企业运转的时间越长，这种现象就越明显。一段时间以后，这些引进的“空降兵”要么被老员工同化，要么被迫离开。

其实这些老员工也想为公司做贡献，他们担心新晋的人才会抢占本属于他们的位置。这种心理源自于老员工深深的不安感。毕竟创业之初，大家都不是科班出身，都是一起摸着石头过河的兄弟，在面对外来优秀的人才时，难免会产生恐慌，迫切需要公司拿出态度来安抚。但如果企业家把这些老员工变成企业的“主人”，那么事情就迎刃而解了。企业的主人从来不怕职业经理人的水平超过自己，职业经理人一定在某些方面比企业主强，不然企业主根本就不用请职业经理人。但企业主和职业经理人一定不在同一个水平，企业主强于职业经理人的是胸怀、境界和眼光，职业经理人强于企业主的是专业的能力和管理水平，这是一种互补。此时企业再空降职业经理人，这些身为“企业主人”的老员工们就不会再产生恐慌和不安，反而可以同职业经理人和谐相处，共同为企业做贡献。这种

“安抚老员工”的方式，其最终的目的还是实现企业内部的和谐。

再次，是为了降低人力成本。

马云在创业之初，用的是股权激励，后来企业快速发展的阶段，他还是用的股权激励，只是不同时期股权激励的目的不同。创业之初，马云曾对手下人说：“兄弟们，跟我干吧，我能让你十年之后拥有十亿身家。”有些人认为他疯了，而有些人觉得马云可以相信。当时马云支付不起百万年薪，但是给不起百万年薪就招不到人。如果给不了员工现在，还无法给员工未来，企业怎么可能有明天呢？所以马云采用了股权激励的方式，说：“你们不是为我打工的，我们是一起来做一件事。我也不拿工资，不但不拿工资，我还把我的家贡献出来，你们可以在我家办公，晚上在我家跟我一起睡地板。”如今阿里巴巴的首席财务官蔡崇信、CEO（首席执行官）陆兆禧等，就是当初跟马云一起创业的一批人，当年马云就是这样用股权激励的方式留住了这些人，降低了人力成本的现金支出。

干一小时就给钱的，那是钟点工；干一个月给一个月的钱，那是员工；干一年给一年的钱，那是职业经理人；干三年甚至十年才有回报的，那是企业家；干一辈子才有回报的，那可能是政治家。所以，要看企业家的眼光能看多远。

在企业不同的发展阶段，面对不同的对象，股权激励的目的是不一样的。有的时候是为了留住人才，有的时候是为了提升业绩，有的时候是为了约束和规范管理者的短期行为，有的时候是回报老员工，有的时候是为了股权释兵权，也有的时候是某几个目的的组合。

做，还是不做，这是一个问题

不只看到自己的企业

机制决定统治，现代企业当中必须要建立股权激励机制。因为股权激励定的不是“店规”，而是“行规”。

企业家们肯定对下面这样的情景深有体会：那些曾经同甘共苦的人往往会离去，千辛万苦建立起来的团队最终分道扬镳。企业团队是这样，哪怕小到一个家庭也是如此。立业之初叫同甘共苦。几个人埋头苦干建立一个比较稳定的小团队。守着一家小企业，吃馒头咸菜还能有说有笑，有情饮水饱。一旦企业大了，开始赚钱，鲜衣怒马之时，反而慢慢互相猜忌，互相提防。如果说没有共同的价值理念，没有共同的理想追求，团队之间就很难开始，但能否走得远、走得长久，不致同室操戈，以致两败俱伤，却是比建立团队更困难的事情。行百里者半九十，好多企业是这样，好多家庭也是这样。那么有没有一种策略可以用在这样的企业中，推动企业团队从同甘共苦迈向同心同德呢？有一部电视剧叫《乔家大院》，里面的主人公叫乔致庸，乔致庸从爷爷那一代开始，就没有亏待过员工，乔家四代经商，乔致庸最推崇的就是儒家思想，相信己所不欲勿施于人。他在经商过程中发现，企业里面凡是能干的、优秀的人总是不断跳槽，但是不能干的、能力弱的人打都打不走。这个情景对很多企业家来说再熟悉不过。100 多年以前的企业是这样，今天的企业又何尝不是如此呢。在企业当中有能力的人往往最容易跳槽，能力不强的人跳槽可能性很小。

在乔致庸手下有个伙计叫马荀，放到现在来看，属于企业中的普通员工，有一天他向乔致庸提出辞职，乔致庸很诧异，也很伤心，他认为这个员工不懂得感恩，企业培养了他，他翅膀硬了就要走。他最后请马荀吃了一顿饭，说：今天你不要把我当老板，我也不把你当员工，我们平起平坐，聊一聊为什么要离开。马荀喝完几杯酒以后说：像我这种水平，在企业里怎么干都是一个伙计，没有前途，凭我现在的本事，随便去市场上转一转，立刻就能当二把手，每年都能分不少钱，得到一些身股。我留下来没有前途，我们这样的人是拿不到股份的。如果你也能给我这样的身股，让我们这些有能力的员工看到希望，那我肯定不愿意走。从这个故事里，各位企业家能解读到什么样的信息？

乔致庸所处的时代，信息比较封闭，所以乔致庸能影响整个山西的同行。而今天的中国乃至今天的世界，是信息大爆炸的时代，如果还用旧方式来经营企业，当你的同行开始导入股权激励而你没有做，那么，同行就已经早你一步，超越你了。

所以说，员工不是追随你这个掌门人，而是追随他心中的梦想，除非你就是他梦想的化身，就是帮他实现梦想的使者。乔致庸做不到，我们也做不到。但是，很多掌门人却错误地认为员工追随着他是因为他的个人魅力、个人才华，那是活在一种假象当中。如果没有很好的机制，让别人实实在在得利，那么当其他人拿着真金白银来挖你的员工时，你的员工凭什么还要傻呵呵地跟着你干？

股权激励能不能在一家企业导入，这取决于企业家的观点和思想。有的人掌握了方法不一定用得好，因为他在怀疑这种机制能否为自己的企业带来真正的驱动和改变，是否会对企业原创者的利益造成伤害，或者影响企业的治理安全。多种因素会导致一些企业家深得其理却不见其行，明白了各种道理却未必能付诸行动。

一个真正能把企业做大的企业家，不仅要有经营企业的思想，还要有一个思想家、哲学家的思想，如果再做大，就还要拥有一些类似政治家的眼光，懂得行业布局、企业布局，不只看到自己企业的发展，还要看到整个社会的变迁。

格局决定结局

与过去的企业家相比，现在很多企业家的经营思想不仅没有提升，反而退化了。中国早在100多年以前，股权激励机制就用得非常好，炉火纯青，到了今天反而慢慢呈现出了单打独斗的趋势——唯有人中龙凤、真正的商界领袖们悟得了其中的玄机，早早将股权激励导入他们企业，令他们成就商界之辉煌。就好像在2016年刚刚实现“双11”1 207亿销售奇迹的阿里巴巴集团，他们的领袖人物马云经商14年，创造了无数商海奇迹——从最早的18个人创业，到中间不断引进“空降兵”、引进风险投资者，他向前走的每一步都与股权激励紧密相连。

“商人看比例，而企业家看绝对值。”作为一名老板、一名商人，我们经常关注我们的股份有多少，常常寻思自己是100%的股份最好，100%控股，完完全全拥有公司治理权，拥有绝对的决策权，随心所欲，这是典型的商人思维。但是，你会发现，全世界，包括我们中国，只要你叫得出名字的知名企业家，比尔·盖茨、巴菲特、柳传志、任正非、王石、马云……大到全世界顶级富翁，小到中国的商界领袖，他们每个人都深谙股权激励之道，没有一个人在自己所在的企业占股比例超过5%。今天我们有太多企业家，固执地坚守自己的绝对控制权，在企业持股超过20%甚至超过50%，尽管股份比例很大，但是财富并不一定多，掌控力不是单纯地依靠股权拥有比例实现的，企业家有没有开阔的眼光，有没有治世之才，能不能充分打好手上这副牌，打出一场漂亮的仗，要靠个人把控和利用各项资源的能力。

“火车跑得快，全凭车头带”。今天完全凭车头带的火车跑得快还是不快呢？同样的道理，格局决定结局。

有的人会想：如果我100%控股，今年赚1 000万元，这1 000万元都归我了该多好啊！如果我有30%的股份释放出去，那我只能分得700万元。这就是职业经理人的思维——直接做减法了。过去公司一个掌门人100%的股份，能创造1 000万元的价值，而如果把30%的股份分给5个甚至10个高级人才，那么可能会创造5 000万元的价值。掌门人的持股比例看起来是越来越小，但是获利的绝对值却越来越大了。所以我说，当你拥有企业、拥有财富的时候，实际上恰恰是被企业和财富所拥有。当你100%持有股权的时候，你自认为是企业的主人，而实际上你才是企业的奴隶。

筹码决定忠诚

我们都渴望别人忠诚，但是我们自己呢？筹码决定忠诚，每个人都会忠诚于他自己，不会忠诚于他人。要想别人忠诚，必须给到别人的一个忠诚的理由。

在这个世界上没有绝对的忠诚，只有彼此的依赖。国家如此，人类如此，企业家更是如此。在商海中，没有永远的敌人，也没有永远的朋友，但是有永远的利益。但是，不要误以为这里提倡企业不需要忠诚。企业绝对需要忠诚，唯有上下同欲，唯有梦想、方向、价值观完全一致，这个企业方可有大成。但是，员工凭什么要忠诚于你？请给他们一个理由。作为老板，请扪心自问，你是不是给了员工绝对忠诚于你的理由？

为什么要做股权激励？同样，因为筹码决定忠诚。要想别人忠诚于你，请给到他一个忠诚于你的筹码。忠诚，通常是相对于情感。没有绝对的忠诚，只有彼此的依赖。所以，当你渴望别人对你忠诚时，请问问自己，你给的筹码足够大吗？你给了别人忠诚于你的理由吗？

企业要把员工当作亲人手足。他的成长速度，他的发展方向和企业有千丝万缕的联系，企业对其发展有着不可推卸的责任和义务。企业里老生常谈的一个问题就是科学的薪酬机制，股权激励其实是薪酬机制的一个环节。假设在一个企业当中，你能做到科学地规划职业生涯，包括企业的发展规划，有很好的薪酬模式，就能吸引更多的人才，但是如果希望别人与你同甘共苦，就必须做到接礼励义，让员工感觉到人格的平等，他们就会自发地成为企业的责任担当。礼下于人，攻心为上。企业如此，员工将再无奢求。

是谁的谁操心

现在企业和企业家都呈现年轻化趋势。很多企业家是 80 后，正值壮年，却面目沧桑，实在是为企业的发展劳心劳力，操心过度。有本事的企业家，能把企业变成大家的企业，而且善于让下面的人学习，六七十岁时，依然头发黝黑精神抖擞。

两千多年前孟子说过一句话：“有恒产者有恒心，无恒产者无恒心，苟无恒心，放辟邪侈，无不为已。”意思是说：有一定的财产收入的人，才有一定的道德观念和行为准则；没有一定的财产收入的人，便不会有一定的道德观念和行为准则。

要想员工跟企业家永结恒心，必定要让员工看到恒财，必须要制定一个让员工觉得对自己有利的机制。你既然想让员工跟你永远走下去，就一定要考虑员工的需求。经营企业的本质就是经营各方的需求，经营他人的需求。如果这个企业是他的，他才会像你这样操心。“是谁的谁操心”，人是这样，公司也是如此。你把公司当成是你的，你就要操心；你把公司变成是大家的，大家就会操心。要想员工跟你永远一起发展，请让员工不仅看到现在，还要看到将来。

第二章

别担心，给你十二根“定海神针”

“大成的人没有那么忙碌，是谁的，谁操心。”

企业家自身的境界与格局的提升，对股权激励的实施起着至关重要的作用。企业实际上是在搭建一个平台，实现企业自己的梦想，也帮助员工实现梦想。

企业明确要做股权激励之后，接下来就要解决如何做的问题。我们将“如何做”拆解成如下十二个环节。这十二根“定海神针”能帮助企业解决股权激励的设计问题。基于这些问题，我们来探讨制定股权方案的一个基本思路，如表 2–1 所示。

表 2–1 股权激励“十二定”

序号	问题	本质
1	股权激励基于怎样的公司、部门目标?	定目标
2	用什么方法做股权激励?	定方法
3	在什么时间做股权激励?	定时间
4	对谁进行股权激励?	定对象
5	用多大额度来激励?	定数量
6	用以激励的股份从哪里来?	定来源
7	股权激励是给实股还是虚股?	定性质
8	股份是否要花钱购买?	定价格
9	有什么样的权利?	定权利
10	怎样才能拿到激励的股份?	定条件
11	是否要签订协议?	定合同
12	股东有哪些退出机制?	定规则

先定一个小目标

定目标，看见前方的光

激励是基于未来的价值创造。一个没有目标的企业，不要说股权激励，就连企业内部最基本的绩效奖金制度都无法落地。比如企业的目标是在 5 年以后实现 10 亿元的销售额，那么在设定股权激励制度时，就要根据产品研发部、市场营销部、财务部、客户服务部等部门的岗位价值，将“10 亿元销售额”这个目标进行分拆，看看这些部门分别能做出多大贡献，然后根据贡献的多少为每个部门匹配适量的股份。如果 5 年后进行评估时，发现某些部门没有按照预定的轨道推进，没有创造预期的价值，那么这些部门是拿不到这么多股份的。这不是基于过去几年的业绩来论功行赏，而是基于未来几年的价值来激励。因此，设定目标就变得尤为重要了。

在制定目标之前，企业必须要先进行五大思考。

第一，未来 5 年后，企业将会变成什么样？行业格局又是什么样？

这未来 5 年的时间要怎么去理解呢？对于各位企业家来说，思考的方向应该偏重于宏观的，比如在未来 5 年，世界商业的格局、国家政策的导向是什么样？企业所在的整个行业会形成什么样的竞争格局？行业会演变成什么样的状态，有没有动摇行业根基的变化出现，等等。从微观角度来讲，企业家们还要考虑自己的企业在未来 5 年会变成什么样，将面临怎样的内部和外部的变化。

第二，企业家希望自己在哪个时候段，在哪个状态下，在哪种格局下扮演什么样的角色？

未来 5 年内，市场竞争会非常残酷，赢家通吃，品牌生存。那么，企业家希望自己的企业在市场竞争中扮演什么样的角色呢？行业龙头，还是产业长尾，抑或是区域领袖？这是你未来 5 年对企业的定位。定位决定地位，企业的定位是企业家们需要仔细思考的话题。未来 5 年我的企业将变成一个什么样的企业？可能变成一个多元化的集团公司，还是一家上市公司，还是明星企业？

另外，企业家自己又会处于一个什么样的位置呢？是集团公司的一个多元化、产业链内的合作伙伴，还是成为执行总裁，下场拼杀。企业家的个人发展同企业发展是紧密相连的，企业家扮演什么样的角色，直接影响企业文化和品牌形象，并且左右着企业未来发展方向和做事风格。

第三，成为自己想成为的角色，企业必须要具备什么样的核心竞争力？

企业家如果立志在未来 5 年成为同行业中的第一名，那需要什么样的核心竞争力做支撑？一个人想要从行政经理变成执行总裁，尚且需要不可替代的核心竞争力。一家企业要从市场的红海中拼杀而出，拔得头筹，更需要核心竞争力的加持。5 年时间说短不短，说长不长，很多自以为永远不会被超越、无法被模仿的核心资源，瞬间就会变得一文不值。马化腾曾经说过，幸好是我们的团队做出了微信，否则还真不知道现在的QQ会受到竞争对手多大的冲击。就在前两年，人们还惊诧于支付宝强大的第三方支付能力。而今天，微信通过社交圈带动的第三方支付业务，已大有赶超之势，数据上的超越和颠覆，恐怕只是一个时间问题。未来 5 年，企业需要具备什么样的与众不同的实力，才能占据泰山之巅？

第四，当下的企业是什么样的？

反观现在，我们的企业处在一个什么样的水平，在这个行业中的定位是什么、排名几何，还有哪里可以发扬，哪里可以着重调整，哪里要坚决摒弃。企业内部、企业外部都有哪些地方需要完善。亡羊补牢为时未晚，但企业要清楚地看到自己的羊到底是在哪里丢掉的。

第五，企业中立刻要改变和调整的是什么？

看到了市场现状，看到了企业在行业内所处的位置，也看到了自己和同行之间产生的差距，这时候就要下定决心，找出企业中需要立刻改变的事。这么多年以来，我们总是一路奔跑，非常忙碌，很少有时间静下心来慢慢思考一下，自己是否做对了决定，走对了路。

我们思考清楚以上五个问题后，接下来就要进入理清目标的三个阶段了。企业家都知道，目标设定按时间长短来划分，可以分为长期目标、中期目标和短期目标。与之相对应的，我们称为核心业务、增长业务和种子业务。在制定目标的过程中我们要遵循一个思维模式，那就是“以终为始”。什么叫以终为始呢？假设此刻你非常清晰地知道自己要去一趟北京，那是我此行的目的地。我们可以在能力范围内，选择任何交通工具，你可以坐汽车，可以坐高铁，也可以乘飞机，但是不管用哪种方式，你明确地知道要去北京，这个非常重要。以终为始，就是先把终点确定，然后找寻到达方法。

很多企业家走着走着就会失去方向，今天要去三亚，明天又奔向西安，一会儿又拐弯去了一趟重庆。总是不停地绕来绕去，看似走了很多路，却一直没有一个切实的落脚点、最终的目的地。这样的人生是漂浮不定的，没有一个非常清晰的终极方向，所以说制定目标就是为了找寻发展的核心方向，基于这个核心方向，将它拆分为几个段落。前进的途中可以将其他地方作为驿站，但要明白这不是最终的目的地。终点和始点之间的停靠地，是发展当下必须要进行补给和调整的地方，在必须停下的地方，做必须要做的事情，这些事情就是核心业务，不做，就到不了目的地。企业靠什么来维持强大的现金流支撑企业的发展，支撑企业的生存，让企业有机会可以在未来发展的过程中有机会去转型，没有了这个支撑点，企业眼下就活不下去。这个点就是企业的核心业务。

企业、产品都是有生命周期的，再好的产品，可能会红极一时，但随着时间推移、空间的变化，都会有被替代的可能，企业在市场里遵循抛物线的轨迹起伏规律，核心业务一旦达到最高峰就要往下走，一个产品，从市场调研开始，到研发，到市场营销，到退出市场，达到最高峰，于是下滑、衰退，退出市场，有一个生命周期。那么企业就要决定在什么样的时间段推出新的业务和产品，以接盘已经开始下滑的旧产品，并且导流之前旧产品的核心用户群呢？不要等到别人来打败你，市场上最厉害对手就是自己。这其中最典型的案例就是QQ和微信之争。5年前，QQ的用户数以亿计，5年后的今天，几乎每位QQ用户都对应一个独立的微信。所以企业必须学会自己割自己的肉，计划好在什么样的时间段，在第一产品发展到什么阶段时，开展第二产品的研发和储备。任何一个企业，之所以能长盛不衰，它一定是产品的研发后续连绵不绝。用企业家的话说，就是吃着碗里的，看着锅里的，还想着田里的。

企业运营是这样，目标设定也是如此。第一个阶段要搞清楚，企业1～3年时间内，依靠什么产品赢利，第二个阶段要明白3～5年时间内企业靠什么新的种子业务、增长业务去转型，第三个阶段要明白企业5～8年内要推出什么新的业务单元，来替代企业已经开始出现下滑趋势的核心业务。每个阶段的增长业务要非常清晰，绵延不绝。

通过厘清目标，我们发现一个有趣的现象，那就是一个真正大成的人没有那么忙碌，因为对他来说生命中只有最重要的几件事而已，越是大成之人，越是轻松和悠闲，因为他知道人的生命中不可能做完所有的事情，但是可以做得完最重要的事，要事优先完成。如果企业家们把思维向上下延展，不妨问问自己，假设在整个生命当中，全部的精力和时间只干一件事，自己会选择去干什么，哪一件事对整个生命是最有意义和最有价值的。如果把这个概念细化到每一天，企业家每天早晨起来，在投入工作之前先问问自己，今天我集合整个公司或部门全部精力和时间只干一件事，有哪件事对整个企业发展或部门的建设是最有意义和最有价值的。如果企业家每天都想，每天都把它落实，日事日毕，每天都有一个非常清晰的目标，而且每天都保质保量地完成，每日后都有一个总结、优化、提炼、深化，那么企业家个人和企业，都会拥有一种极简的工作状态，整个工作过程中将会非常轻松，丝毫不显得忙碌，却比忙碌更有效果。

制定企业目标很重要，它决定了企业前进的方向，是企业这家机器的“大脑”，但机器只有大脑是不够的，还需要他支配的四肢配合才能实现目标，而这四肢就是部门。部门目标的设定同样重要，不能忽视。部门目标执行，同样需要遵循五大法则。

第一，必须划小经营单位并独立核算。

任何一个部门都可以划小经营单位并独立核算。销售部、后勤部、研发部、财务部，都可以划分成本，独立核算。举个例子，比如企业的财务部门，计划配置 55 个人，成本预算需要 800 万元，这 800 万元就可以做成一个指标，旨在利用 800 万元、55 个人的成本，完成企业内部交付的所有财务工作，如结算、相关国家税费征缴、及时准确增值存现等。目标是保障整个公司的运营。800 万元转化成了一个指标，一年过去后，财务部门内部员工的专业水平有所提升，工作效率提高了，工作流程优化了。虽然人员配置并没有达到预期的 55 个人，只有 43 个人，却也非常优秀地完成了企业内部所有的财务工作。这样折算下来，实际上今年针对财务部花出去的成本只有 620 万元，没到 800 万元，产生了盈余。转化一个思路，盈余 180 万元是否可以理解为该部门今年有 180 万元利润，这 180 万元利润可以应用到利润分配原则里面去吗？答案当然是肯定的，只是很多企业自己并没有理解，没有这样做而已。虽然面对的是一个个部门，但是企业家们可以把它想象成一家家公司，该如何去管理、如何去激励每家公司。所以企业家们除了懂经营外，还一定要懂一些财务知识。

第二，必须由部门负责人向下属员工阐述各个部门的激励目标。

人与人之间最大的矛盾和误会往往都来源于沟通不畅，所以各位企业家要让中层管理人员学会表达，学会沟通。必须由部门负责人向各位员工阐述各个部门的激励目标，并且帮助参与到股权激励中的员工，确定自己的个人奋斗目标。确立的方式可以灵活机动，但在面对面的交流过程中，一定不要打击别人的梦想，公司的前台也可以有做总裁的抱负。参与激励的员工想要年薪 1 000 万元，没问题。但是不能没有下文，要讲明“怎么做”。这里面必须要有关键指标、贡献值。如果员工的梦想是成为一名企业股东、一位总经理、一名创始人，那么他应该、也必须为公司创造出一种什么样的价值？谈到具体的价值时，必须要数据化、标准化，框架清晰才不是空谈。

在面对面谈妥了个人目标和部门目标后，部门负责人就要带领全体团队成员，将目标细化，做到科学呈现、清晰呈现。我们把这整个目标分解成 12 个月，分解成 52 周，分解成 365 天，达成什么，兑现什么，如何达成，如何兑现，必须由各个部门负责人阐述并敲定。这个部门在整个集团当中想要扮演一个什么样的角色，这个部门能为企业创造一种什么样的价值？经过综合研讨，这个部门达成目标的策略是什么？在实现目标过程中最大的障碍什么？应对策略又是什么？需要公司匹配什么样的资源……这是一个职业的思维，必须由部门负责人通知各部门商定，并作为发言人阐述进度目标。

第三，部门目标及机制必须由企业最终确定。

部门内部商定目标和机制之后，企业需要对目标做出评估，并最终认可确定。首先必须要清晰的点是保底目标，也就是企业制定的底线。企业的保底目标是基于企业的发展战略、企业的战略诉求，所画出的预警红线。只有确保实现保底目标，企业才可以围绕保底目标来展开工作计划推演，比如将保底目标设定为企业总销售额 1

亿元，如果企业保底目标按时完成，企业给项目涉及员工的底薪是1万元，同时提供销售提成1.0%，超额激励1.2%。如果员工们希望收入更高一些，同时认为自己的潜能可以发挥得更大一些，能为公司创造更大价值，就可以提出冲刺目标，或者叫作挑战目标。比如，可以把企业的预计总销售额定在1.2亿元，比之前提高了0.2亿元。相应的，底薪和提成也会做出相应调整，比如员工底薪提高到1.2万元一个月，销售提成提高到1.2%，超额奖励提高到1.5%。

有些员工这时会有一个心理，那就是干脆把目标提得再高一些，比如设在1.5亿元，这样根据前面的思维逻辑来计算，底薪每个月就可以提到1.5万元，这样就算到了年底不能完成，每个月工资都可以多加5 000元。这样的目标设定，无疑是假大空的，是不切合企业实际的，严重脱离了企业设定目标的初衷。无论设定什么样的目标作为激励条件，它的相关过程执行必须是配套的，你设定了1.5亿元为年度销售目标，拆分到每个月就是1 250万元，那么作为被激励对象，如果在本月内不能达到这个设定的底线，就无法顺利拿到这份底薪，而只能按照实际销售额，按比例支取应得的那一部分。所以千万不要为了贪图底薪，而故意设定一个够不到的目标。无论年度目标是如何定的，我们都要把目标分解到12个月，根据行业的不同，有时还会分解为52周或者更细的时间单位。在每个时间单位企业会针对目标完成情况，应用系数对应考核，而这个考核并不是以部门的名义来做，而是从企业的角度来做的。部门定的目标是否合理，是否切合企业和人员的实际，是否脚踏实地，是企业必须从宏观角度把控的。部门虽然可以成为独立核算的小环节，但整体依然依附于企业架构，不能脱离企业的管控。最终拿主意的，还是“一家之主”。

第四，企业必须有宏观的任务统筹与精确的目标分解。

当各部门把整个年度工作非常有条理地梳理出来以后，企业要求每个部门要向其上级部门提交一份年度工作计划书。另外，要把年度目标、月度目标做得非常精准，并经由审核，确保做到科学合理，任务均摊。

年度工作计划书要以书面计划的形式呈现，通过一份计划书来分解目标和明确任务。比如，我的部门在计划周期里想做什么，做这件事情能为公司创造什么样的价值，部门能为公司建立什么系统，创造多少销售额，创造多少利润，实现这个计划，需要配备什么样的人才梯队，需要怎样的组织架构，人才怎么引进、何时引进、如何引进，引进之后需要什么样的成本和费用。同时，部门的阶段性目标（季度目标）是怎样设计的，达成目标的措施都有哪些。可能会遇到什么风险，预防或者补救的思路和措施有哪些……

第五，必须与被激励者签订“军令状”、责任书，并当众承诺。

这个计划被公司批准之后，各个部门就要向企业内部公众做出承诺，承诺部门可以达成这个计划目标。部门目标要通告整个企业，每个部门都要向整个企业立下“军令状”。要让企业内部所有人都能清楚细节，做到公众监督。而且只有口头承诺是不行的，还要白纸黑字地签订书面协议。协议写得清楚明白，所有员工做舆情监督，这样一来压在企业家身上的监督和管理的担子就轻得多了。所谓先小人后君子，口头的承诺远没有公事性的文字来得更有约束力。

定方法，寻找明天的路

用什么方法来做股权激励呢？股权激励常用的方法有很多，包括：现股激励、期权、在职分红、分红回偿、技术入股、员工持股、管理层收购等多种。

股权激励的每一种方法都有自己的优缺点，适用的企业类型和人员也不同，我们可以通过表 2–2 来进行粗略了解。

表 2–2　常见的股权激励方法及适用条件

激励方法	优点	缺点	适用的企业类型或人员
现股激励	股份收益短期内兑现；掏钱购买，因此倍加珍惜；有利于调动员工积极性	可能造成短期效益行为；若持股比例较大，有违两权分离原则；为增加利润，可能会牺牲员工利益	非上市公司高管及技术骨干
期权	具有长期激励效果；可降低委托代理成本；可提升公司的业绩，可提高投资者的信心	管理者可能会为了自身利益而用不法手段抬高股价；管理者的收入与员工的收入差距加大	上市公司和上市公司控股企业
账面价值增值权	激励效果不受股票价格的上升和回跌影响，激励对象无须现金付出，无须证监会的审批	每股净资产的增加幅度有限，没有充分利用资本市场的放大作用，难以产生较大的激励作用	现金流量比较充裕且股价比较稳定的上市公司或非上市公司
虚拟股份/在职分红	无须工商登记，通过合同来约定激励对象的权益	只有分红权，没有表决权	上市公司或非上市公司中层干部与技术骨干

（续表）

激励方法	优点	缺点	适用的企业类型或人员
分红回偿	激励对象借款入股，日后用红利冲抵借款或转让款，从而拥有完整股权权益，公司收益与激励对象挂钩，充分调动其积极性	激励对象在未用红利冲抵借款前只有分红权，所有红利用于回偿，亦可回填一部分即转实股一部分，需要时间限制约束激励对象	非上市公司中层干部与技术骨干
优先购买股份	公司增资扩股时激励对象有权按照事先的约定优先于第三方取得公司股份	难以平衡创始人股东与激励对象的利益；将激励对象扩大到员工时，必须考虑员工的流动性与收益偏好	上市公司或非上市公司的核心骨干或员工
赠予股份	股份收益短期内兑现；无须花钱购买，有利于调动激励对象积极性	难以平衡创始人股东与激励对象的利益；因激励对象没有花钱购买，故其不会太珍惜	有特殊贡献的极少数关键人员
技术入股	激励对象相应的技术成果或发明专利财产权转归公司所有	技术的不确定性；市场的不确定性；未来激励有限，缺乏持续创新的激励；新产品、运作模式论证阶段，目标不明确	中层干部与技术骨干

（续表）

激励方法	优点	缺点	适用的企业类型或人员
员工持股	能增强企业的凝聚力、竞争力，可以调动员工的积极性，可以抵御公司被恶意收购	福利性较强，与员工业绩挂钩较差，平均化会降低员工的积极性；操作上缺乏法律基础和政策指导	所处行业较成熟的，具有稳定增长机会的公司
虚拟股票	虚拟股票发放不会影响公司的总资本和所有权结构，无须证监会批示，只需股东大会通过即可	公司的现金压力较大，虚拟股票的行权和抛售时的价格确定难度较大	现金流量比较充裕的非上市公司和上市公司
股票增值权	激励对象无须现金付出，无须证监会审批	资本市场的弱有效性使股价和经营者业绩关联不大，公司的现金压力较大	现金流量比较充裕且股价比较稳定的上市公司或非上市公司（核心经营层与核心技术层）
限制性股票/项目性股份	附加条件的激励方式，只有当激励对象完成既定的目标后才能获得这部分股份，激励对象一般不需要付钱购买，可以激励高层管理人员将更多的时间精力投入长期的战略目标中	业绩目标或股价的科学确定较困难，现金流压力较大	业绩不佳的上市公司，产业调整期的上市公司，初创立的非上市公司（新产品开发、技术攻关）

（续表）

激励方法	优点	缺点	适用的企业类型或人员
延期支付	锁定时间长，减少了经营者的短期行为，计划可操作性强，激励对象的收益与折算后存入延期支付账户的股票市价上升回跌挂钩，有利于长期激励，留住并吸引人才	高管人员持股数量少，难以产生较大的激励力度；二级市场有风险，经营者不能及时把薪酬变现	业绩稳定型上市公司及其集团公司、子公司
业绩股票	激励对象的业绩与企业的经济收入息息相关，效果实在，激励高管人员努力完成业绩目标，实现股东和高管的双赢	业绩目标的科学性很难保证；容易导致高管为获取业绩股票而弄虚作假；高管抛售股票受到限制	业绩稳定型上市公司及其集团公司、子公司（市场营销骨干、生产骨干）
管理层收购	激励力度加大，加强管理层主人翁意识，使其利益与公司的利益紧密结合在一起	目标公司价值的准确评估较困难，收购资金来源缺乏，若处理不当，收购成本将激增	国有资本退出的企业，国有民营型公司、集体性质企业、反收购时期的公司
期股	股票增值与企业效益关联；经营者更多地关注企业的中长期利益，克服了一次性中奖所带来的收入差距；经营者不必一次支付巨资	经营者难以在短期内实现收益，且承担持有股份的风险	经改制的国有资产控股企业，国有独资企业

在上面的表格中我们看到了16种细分下的股权激励方法。在实际应用过程中，我们设计股权激励制度，往往不会只使用其中一两种，而是采用组合拳的方式，针对不同企业的不同特点，定制化地设定和实施。

在我们的实践过程中，设立了一个“股权金字塔”的结构，金字塔的顶部，是代表核心团队的金色塔尖；金字塔中部，是代表执行团队的蓝色塔中；金字塔底部，是代表着企业中众多特殊角色的绿色塔基。同时，我们针对企业发展所处的不同阶段，还将企业的发展分为了初创期、发展期、扩张期、成熟期和稳定期。综合这两种分类法，我们寻找到了设计股权激励制度的比较典型的8种方法，它们在各种组合拳式的股权激励模式中，具有一定代表性，应用面也比较广。

它们分别是：在职分红（虚拟股份）激励方案、超额利润激励方案、135渐进式激励方案、业务团队五步连环激励方案、海氏评估中国化激励方案、“七子连珠”企业上下游激励方案、“金色降落”公司元老激励方案和“未来之星”公司新星激励方案。

在下面的几个章节里，我们将会就这8种方法的原理和应用做深入的介绍。在设计股权激励模式时，企业一定要采用整体变换的思路想问题，不能学一个方法导入一个方法，导入新方法后就推倒旧方法。股权激励的方法千千万万，真正适合自己企业的股权激励方法，才是最好的方法。

定时间，安排每日行程

定时间有两个概念，第一个概念是说我们的企业要在什么时候导入股权激励方案，在什么时候停止股权激励方案，股权激励的周期是多长，什么时候进行股权激励的考核，考核的时间点是定在哪儿。

假设，企业导入股权激励的开始时间是2017年1月1日，激励周期是一年，那么股权激励将于2017年12月31日截止。在这期间，你需要确定哪一天作为你的最终考核日期，比如将考核日期定在2018年的1月15日，但考核中的所有系数、账目、金额等数据统计将截止在2017年12月31日。另外，企业家也可以设立几个阶段性质的考核日期，比如每月考核或者每季度考核。这其中的时间，可以根据你企业的实际情况灵活调整。这期间，股权激励共同的总额、共同总股数、分红的总股数都要提前确定好。

第二个概念就是说，在企业考核完毕之后，将在每一年什么时间段为激励对象发放年度分红。发放年度分红的分配比例按企业最早设定并公示过的股权激励方案制度执行，比如是按照当年利润的100%发放，还是按照股权激励两年的“73”比例发放，还是按照股权激励三年的“532”比例发放。只要按照公司的制度严格执行，就能避免不少分歧。

股权布局，“从娃娃抓起”

定对象，与谁同路前行

企业设计股权激励方案时，挑选激励对象很需要一番权衡和考量。对企业来讲，需要对哪些人做股权激励呢？

在激励计划中，激励对象通常由公司董事会选择。一般来说，激励的重点主要是公司的董事、高级管理人员，以及对公司未来发展有直接影响的管理骨干和核心技术（业务）人员，除此之外的人员成为激励对象的，公司应该在相关材料中论证其作为激励对象的合理性。有很多有投资机构介入的企业，投资基金一般都会要求创始人和企业留出一部分股份，作为未来引入核心管理人员和技术人员的激励。随着股权激励观念的深入人心，股权激励的对象也在逐渐扩大，许多普通的员工也逐步纳入了激励计划的激励范围。

假设你的企业未来有上市的打算，股权激励的人数一旦比较多，就必须进行股权统筹与布局。因此在讨论要对哪些人做股权激励之前，我们先来简单阐释什么叫股权统筹与布局。

先前闹得沸沸扬扬的国美股权之争其实是一个非常好的股权布局案例，它给我们留下了很多思考。

最初CX开的永乐电器店，跟HGY的国美电器完全是竞争对手，能够把永乐电器一步一步做到在香港上市，CX确实不容易。2006年永乐电器被国美收购，CX、HGY二人从竞争对手变成了一家人，HGY发现CX善于精打细算，经营有方，于是高薪聘请其为国美电器的总裁，实际上成了CEO，HGY退居国美董事局主席。开始两人合作得十分融洽，HGY很懂得人才的统御之道，对CX也蛮不错。比如买车时也是一人一辆；办公室的装修也一模一样；为了保证CX能够吃到可口的饭菜，还从CX的老家请了个厨师专门给他做饭……

后来国美经历了HGY入狱一事，入狱后国美的决策权100%落到了CX肩上。CX发现，要想让员工一起努力把企业做好，渡过难关，就必须让这些员工信任他，而要想取得他们的信任，就要真正为他们谋福利。那么怎么谋福利呢？股权激励。整个国美中，HGY所能控制的股份最多，入狱之前HGY的股份是33.98%，超过了总股本的1/3。而CX的股份是1.47%，虽然都是企业主，但论股份比例，这两人根本不在一个层面上。

在召开股东会的时候，CX都打算放弃了，可是在所有股东表决的时候出现了意外一幕，就是HGY赢了一条但输了四条，媒体评论说HGY输了个面子，但CX输了个里子——CX虽然赢了四条，但那四条没有什么意义，输的那一条才是最重要的，就是增发20%的股权激励的资格被取消。可见，所有的股东是最有智慧的，你们二人吵来吵去，我们却要确保公司的稳定，不能让一支独大，两方要有一个平衡。HGY和CX，一个输的面子，一个输的里子。

假设当年的HGY在国美电器之外成立一家公司——HC公司——即HGY和CX的股份的组合，简称HC公司。HC公司持有国美电器10%的股份，这10%的股份有两个来源：一是CX的1.47%，二是HGY的33.98%中抽取8.53个百分点，共同构建10%的股份。这10%的股份在HC公司就是他们两个人持有的，比如HGY的化身持有85.3%，CX的化身持有14.7%，这两部分股份的总和是100%。假如是这样的股权布局，那么CX就无法召集股东投他的票。他的股份是在HC公司，而不在国美电器。国美电器如果有什么事情需要投票表决，是要找HC公司的法人代表的，而HC公司的法人代表肯定是HGY的化身，HGY的化身是个大股东，但是为了表示对小股东的尊重，在表决意见之前会征询内部股东的意见。股东们意见一致时自然皆大欢喜，意见不一致时则要听大股东的。

你不接受我的股权激励也就罢了，假如你接受我的股权激励，那就要好好干。你要卖股份，不是你说了算的，而是我们HC公司的股东会决定，而且由大股东说了算。卖掉你的股份赚来的钱要全部分配，而不是直接进你的口袋，如何分配这笔钱，则是由股东们商讨决定，商讨不成则由大股东决定。企业内部必须有一个股权统筹机制。否则，万一哪天某个高管不开心了，说“你上市关我什么事，我不签字了”，耍个小脾气，企业的整个上市计划就泡汤了。如果利用股权布局的形式，高管签不签字就无所谓了，甚至不需要他来开会。

股权布局的好处很多，能够较快统一各方意见，推行企业决策，但弱点也显而易见，就是要双重缴税。假设CX在HC公司里持有股份，那么他卖掉股份后要先缴公司所得税，再缴个人所得税；假设CX在国美电器直接持股，那么卖掉股份后只需要缴个人所得税。可见，持股公司要选择那些有优惠政策的地方和区域。

因此，假设企业未来有上市的打算，就必须先进行股权布局，如果没有这种布局，贸然把职业经理人或其他核心高管吸引进来，看起来是对他的爱，实际上是伤害，不仅伤害了他，而且伤害了企业。所谓的专业风投人士会认为你的公司不规范，他们的投资没有保障，一旦某些股东出了问题，风投的投资就收不回来，所以就不敢投资。为了让外界的专业人士认同你的企业，就必须向他们呈现公司运作的专业风范和专业水准，就必须做股权布局。

股权布局的主要目的是将激励对象进行层次上的划分，这是确定股权激励对象的前期工作。前期的工作做到位，可以定下激励的整体基调。股份激励和现金激励有所不同，它涉及公司决策权的稀释和转移。在推行股权激励的前期，先将企业的股权进行布局，确立决策权的归属，避免股权被稀释后带来决策和经营上的麻烦。这样不但清除了企业前进路上的内部阻碍，还从另一个侧面规范了企业前进的方向。

将股权布局基本设定好后，接下来谈谈确定股权激励对象的原则。企业选择激励的人选时，要基于以下三个方面进行考虑。

第一，基于当前企业组织架构考虑。

企业要激励哪些人，首先要宏观地从公司目前的组织架构来考量。假设企业目前的组织架构包括研发中心、营销中心、股东服务部、客服中心、咨询中心、人力行政部、企划部、财务中心、总裁，企业就要将这些部门的负责人，拥有决策权的领导全都纳入股权激励的范畴中来。这些部门的决策者处于承上启下的位置，他们既是企业的执行者和落地者，又是企业发展的引领者和带路者。企业家只要把控住这些核心管理者，就能把控整个企业。我们的定位是：凡是中心负责人、部门负责人，统统都要纳入股权激励的范畴。

第二，基于三五年以后的组织架构考虑。

除了承上启下的管理层之外，企业还另外要激励哪些人，往往要基于三五年以后企业内部的组织架构来考量。企业不但要激励眼前“承上启下”的人，还要关注公司三五年之后，在企业的组织规划中“承上启下”的人。三五年后，企业的组织架构会是怎样的？假设 5 年后的组织架构多出了一个行政部、一个品牌事业部，还多出各种委员会（比如管理委员会、提名委员会、薪酬委员会和审计委员会），那么根据组织架构的现在和未来，就能得出要激励哪些人。企业按照现在的组织架构，有可能只需要激励 8 个人，而三五

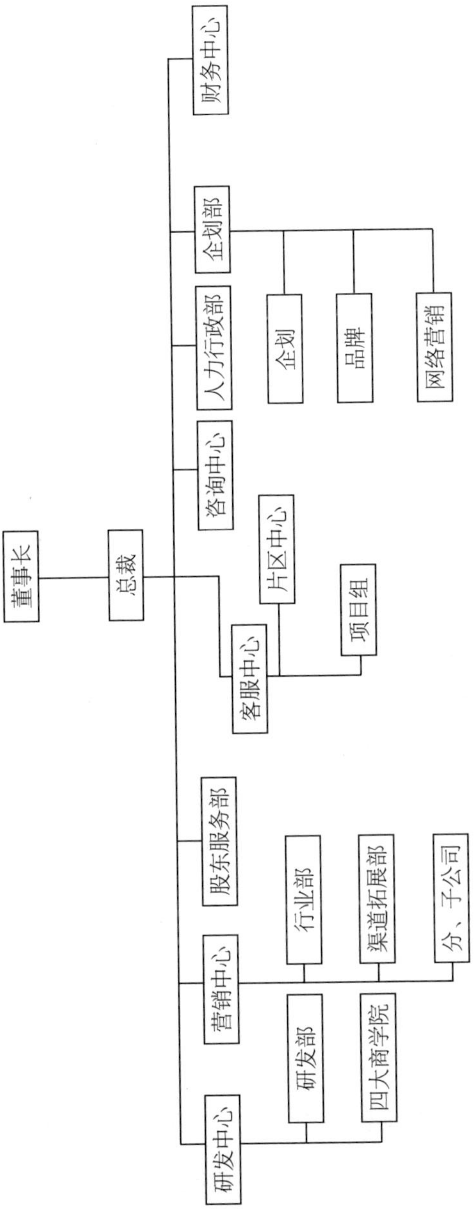

图 2–1　基于公司目前组织结构的重要成员

年以后，这个人数有可能会增加到 12 个人。这多出来的 4 个位置，企业家心里有可能已经有人选了，也有可能尚未寻找到。但在确定股权激励的对象时，企业家就要把这些岗位预留出来，比如在之前股权布局时，企业预计拿出 30% 的股份做股权激励，这 30% 是基于三五年以后的组织架构的。那么根据现在尚未组建完整的组织架构来说，就要留出富裕的空间，拿出比如 20% 的股份来激励，把 10% 留给未来新设的几个岗位的负责人。这样股权激励才能做到进退有方，留有可以调整的空间。

第三，基于企业的发展战略考虑。

激励哪些人还要基于企业的发展战略。比如你要激励企业上下游、激励投资者，还是激励老员工等，这是根据企业家的企业的战略规划决定的。

根据企业的组织架构和发展战略，确定了都要激励哪些人后，就要通盘考虑一个整体预算。对于不同对象的激励程度是否要有所选择，有所区分，如果有所区分，那么如何明确这些区分，又要如何令人感到公平，感到自己确实被激励到了。这里面的学问很多，考验的是企业家的综合统筹能力。

在综合统筹之后，企业就要着手于“定对象”的核心问题。即明确股权激励的具体激励对象，也就是说，股权到底用来激励什么样的人。

企业的 CEO 是要激励的；企业核心团队的负责人也是要激励的；企业执行团队的负责人，包含业务团队和非业务团队两个部分，也需要考虑；企业的元老功臣，也是需要激励的；企业的“未

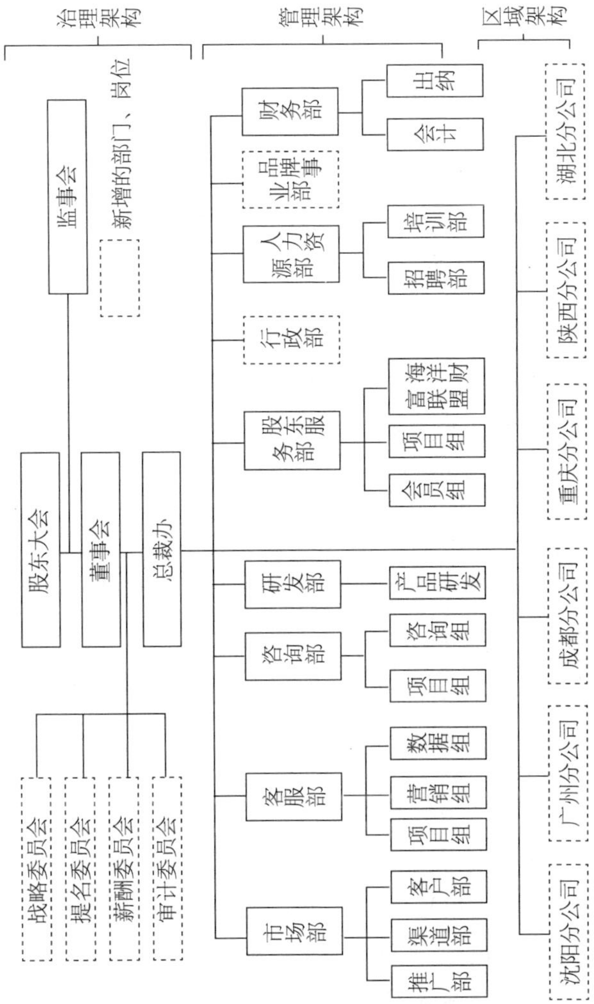

图 2–2　基于公司三年的战略规划而增设的部门所匹配的人员

来之星”也需要激励；最后，甚至是企业的上下游也需要激励。

总裁、总经理、CEO，这样的人必须要受到股权激励。从零开始的企业，最常见也是最头疼的情况往往就出在这里。企业家和几个兄弟合伙做企业，另外几个兄弟只出了资金，但没在企业里工作，或者他们曾经在企业里工作过，但是后来因为价值观不同或者能力问题而慢慢退出企业架构，就剩下了企业家和几个股东，假设这些人既是股东又是职业经理人，企业家本身既是企业的CEO又是投资者，那这身兼数职的两种人，应不应该受到股权激励？答案是必须要受到股权激励，企业中没有君子和小人之分，也没有牺牲自己成全别人的说法。有的只是按照规则办事。企业家自己兼任CEO，往往并不是为了占有CEO的那一份股权，而是没有寻到更合适的人选，如果后续寻找到了更合适的人选，这部分股权是需要让出去的。如果身兼数职的企业家之前因为自己兼任了某些岗位，而放弃岗位的股权激励。那如果后续不再兼任了，引进了新的人才，那么这些新晋人才应得的那份股权，该从哪里出？是不是又会影响到已经设定好的股权整体布局？先讲岗位规则，后讲人情世故。好多企业家一直没厘清这方面的问题，往往在这里栽了跟头。

对CEO采取激励的方式是怎样的？CEO的收入构成，一是管理工资，二是在职分红。在职分红是面对管理者的，一个人无论是不是股东，只要担任CEO，就可以获得在职分红。假设一个股东既有意愿又有能力做CEO，为什么股东就不能做高管呢？既然股东做高管了，为什么不能拿在职分红呢？

一样的道理，即使你自己既是企业主又是CEO，如果企业内部要做股权激励，就必须要对自己做股权激励，因为你不可能永远做

CEO。这样的股权激励你是做给别人看的：“某一天谁做到了我这个位置，我的收入就是你的，今天是因为没有人做CEO，所以我暂时代劳。”当然，有一种情况除外——你是公司100%股份的所有者，而且你一辈子不打算让别人来做CEO，这时要不要给自己做股权激励就变得无所谓了。但这种情况并不在我们的讨论范围之内。

对企业执行团队的负责人，就是业务团队和非业务团队的负责人，也必须进行股权激励，特别是小企业，要尤为重视这一点。如果企业家对这个岗位上目前的负责人尚有疑虑，可以采用虚拟股权激励，但即使使用虚拟股权，也需要将其纳入股权激励的范畴当中来。先让激励对象感受到公平，激励才能起到作用。

对非业务团队的负责人，比如财务总监、研发总监、客服总监，也要进行股权激励。财务总监、客服总监、人力资源总监等人全都可以成为企业的股东，但同样可以采用虚拟股权激励，虽然不是公司的注册股东，但依然可以和股东一样享有同等的分红待遇。而且，不同部门的负责人，股权激励的额度可以是不一样的——职务一样，但贡献不一样，那么激励的额度就可以不一样。

企业的元老功臣，也是需要激励的；与之对应的企业的“未来之星”也需要激励。这里所提到的元老功臣，是指这样一类员工：没有他们，就绝对没有企业的今天；但有了他们，企业恐怕难有明天。换句话说，企业刚创办的时候，元老功臣为企业呕心沥血，无私奉献；但是随着企业不断壮大，他们已经不能胜任这份工作，甚至阻碍企业的发展了。但对这样的元老功臣，也要进行股权激励。有的企业家可能会认为“这些人都没用了，那就一脚踢开吧”，试想，跟着你这么多年的元老功臣都能被你一脚踢开，那现在冲在企业一线拼杀的人，看到后心里会怎么想？“这就是我将来的下场，还是另谋生路早点走人吧！”所以对元老功臣的激励，就是对现在在一线拼杀的人的最大认同，能让现有员工看到希望，看到企业对自己未来的保障，这不仅体现了企业家的胸怀和商德，更是一种商业智慧。

企业既然有元老功臣就有“未来之星”。“未来之星”指的是现在非常优秀，未来有可能成长为部门的负责人的员工，他们是企业内部的可培养对象，也在一定程度上代表着企业的未来。企业对元老功臣和“未来之星”的激励方式是不一样的，激励的时候，要注意方法。

很多企业家往往想不到的是，企业的“上下游”也是我们做股权激励的对象。不要忘记对企业“上下游”进行股权激励。如果把这些企业的上下游紧密捆绑到一起，就能形成一条以企业为核心的行业产业链。和你同行业的其他企业只是产业链上的一个点，而你的企业在经营整条产业链。想做大一家企业，将来不仅要激励上下游，还要激励企业范围以外的所有利益相关者，大家同在一条线上工作，互为依靠，共同成长，以自己的企业为核心，形成一个点、线、面的结合，别人自然难以与你竞争和抗衡。

股权布局是一种企业战略层面的智慧和手段，要为企业未来的上市或做大，规避各种风险。这些风险有些是先天的，比如家族企业的直系亲属持股，有些风险是后天的，比如股东人数的突变、持股公司间接持股等。为了应对这些风险，股权布局要对这些变量做出妥帖的安排。股权布局有企业内部的布局，也有企业间合作的布局，做的时候一般都会把风投公司或外部投资者的介入考虑进去，一般来讲，有外部投资者的公司，其治理结构往往会更理性化、更市场化，可信度也比较高。

定数量，带上多少粮草

在股权布局完成后，我们将激励的对象划分成了几个层次。定数量，就是要给不同层次的激励对象确定占有的股权比例。这个额度是多少，也要企业家们提前确定出来。这个数量的设定，有两个需要遵循的前提条件。第一要确保激励对象能够切切实实受到激励，能够给他们注入充满干劲儿的血液，第二要维护企业激励过程中的管理和控制安全，不要因此丧失企业主动权。

上市公司的激励模式是企业家们看得最多的。因此上市公司的做法，通常可以被拿出来做一个参考。按照国家对上市公司的一些约束来看，第一，上市公司规定的激励额度不得超过总股本的10%；第二，任何一名激励对象通过全部有效的股权激励的总额度不得超过公司总股本的1%；第三，激励对象所拥有的股权收益不能超过其全部收益的30%，也就是说，假设你的企业一年有1 000万元收入，那放到股权激励的这一部分不应该超过企业全年收益的30%，即300万元；第四，公司上市以后第一次进行股权激励，释放的额度不能超过公司股本总额的1%；第五，股权激励的人数的数量不得超过员工总人数的8%。

同时，我们还可以参考一下西方创业公司股份期权的分配原则。这些企业做股权激励比我们要早一步，他们往往在创业开始之时，就已经引入了股权激励制度。在这样的企业里，外聘CEO一般可以持有企业5%～8%的股份，但外聘的副总经理所持有的股份，却只有0.8%～1.3%左右。一线的管理人员，每人持有的股份大约在0.25%，普通员工占的股份在0.1%左右。当然，有些企业还存在外聘董事，这些外聘董事的股份一般会占到 0.25% 左右，所有的这些股份期权加到一起，其总额一般占企业股份总额的 15% ~ 20%，常规来说，不会超过这个安全比例。

以以上两个做法为参考，我们企业家在自己的企业里怎么做比较好呢？这里我提出一个四步走的观点，企业家们可以参考执行。第一步，要设定公司的薪酬战略。要通过调研，了解同行企业的状况，看看自己企业的薪酬与同行相比是偏高一些、保持一致还是总体偏低，根据这个定位，把薪酬战略确定出来。第二步，要根据激励对象的岗位价值来评估，根据岗位价值模型，评估其未来能够为公司创造的价值，据此来推算这个岗位应该拿多少股权。第三步，要采取行业水平与个人需求结合的模式。比如说同行CEO的年薪大概 100 万元，你的企业的CEO个人的收入需求是 120 万元，那么你就可以采取工资及绩效收入总和为 95 万再加上股权收入为 25 万的方式来操作，既降低了现金支出，又激励了对方，从实际意义上增加了激励对象的收入，增加了自己企业的薪酬竞争力。第四步，要预测下一年度可分配利润与现值之间的差异，再将其转换成一个比例系数，用于日后调整和计算。举个例子说明，假设你企业的CEO期望的年薪是 120 万元，而你现金支出只能给到 100 万元，还有 20 万元可以用在职分红股来转换。如果公司明年预计能够拿出 1 000 万元来分红，CEO分 20 万元，在 1 000 万当中占 2%的比例，那他就 100 万元年薪不变，外加 2%的在职分红。但是 20 万元的在职分红能不能拿到，取决于明年他能否令企业保持正常发展，如果企业稳步前进，没有出现大量亏损的情况，CEO就可以拿到这一部分的在职分红。如果企业在他的带领下超额完成任务，其收入还可能突破 120 万。当然，这里所说的架构，是成熟公司的运作模式，计算也相对简单，没有考虑到股份的增值和溢价，如果要考虑上这些因素，那又是另外一种计算方式了。

那么，对于核心高管、核心团队来讲，企业究竟要拿出多少股份来进行股权激励呢？

同样，企业家们可以参考上市公司是怎么做的。这里我们提供几个数据给企业家们参考。

第一个数据，上市公司累计激励的股份额度不得超过公司总股本的 10%。上市公司的盘子很大，不超过 10% 的股份，也已经很多了。

第二个数据，在上市过程中，任何一个人的股权激励额度不得超过公司总股本的 1%。所以比如万科的王石、联想的柳传志，他们所占的股份都不超过 1%，因为 1% 是激励的上限。

第三个数据，上市公司对高管进行股权激励时，要把这个股权激励的收益控制在该高管的年度收益的 30% 以内。假设说一个高管的年收入是 1 000 万元，那么它来源于股权激励的收入不应该超过 300 万元，超出了就会有问题。

第四个数据，上市公司首次进行股权激励时，拿出的激励额度不应该超过公司总股本的 1%。公司上市之后，第一次进行的股权激励是尝试性激励。第一次股权激励不得超过总股本的 1%，要多次多对象激励。多次多对象激励是一个新的概念。如果一家企业，想要在 10 年内拿出 30% 的股份来做激励，就不要一次性把 30% 的股份全部释放。因为一次性把 30% 的股份全部释放是有风险的。不管是企业还是企业家，做事情都要循序渐进，不能一口吃个胖子。毕竟人心是很容易产生变化的。一口气释放全部的30%股权，容易令拿到股权的激励对象认为自己已经功成名就，变成了企业的大股东。这会一下激发起人心里的惰性，容易使人丧失干劲，选择离职，并带走企业的股份。因为他是个注册股东，也没有违背公司的其他政策，仅仅是离开公司而已，没有什么相关条款可以约束他的行为。但这对于公司来说，则是巨大的损失。不但没有起到最初的激励效果，反而加速了企业优秀人才的流失。

那么企业应该怎么释放这计划内的30%股份呢？企业可以采取小步快跑的战略，比如可以设定释放股权5次，每两年激励一次，每次释放6%，就算激励对象拿到股份后心满意足，决定离职，最起码还剩余一些空间留给其他的补位人员。假如这样的操作方法不能令激励对象满意，比如某个成员非一次性要10%的股份，那也可以换一种操作方法，如果他在岗期间表现优秀，不但达到了企业的目标，甚至还能超额完成，那么在他在岗的10年时间里，每年都可以许诺，转赠1%的股份给他，其他部分属于在职分红，但是每年都拿10%的比例分红。这样即使他干了5年之后离职了，他拿走了5%的注册股，那么企业一样可以收回剩下的5%，留给他的下一任。

西方企业做股权激励已经非常普遍了，它们已经开始考虑如何把股权激励做得更好，推陈出新。这种模式代表着西方创业公司做事的原则，那就是不管公司规模有多大，只要创业开始了，所有的人必须要按照契约精神，进行提前的股权分配，将经济账放到最前面来算。这种思路其实是我国企业家缺失的，但也是我国许多年来传统思维的一个体现。国内传统企业家一般是100%自己持有全部股份，从创业开始，企业家指哪里，企业就打哪里，企业家走错了路，企业就一条错路走到黑。这种模式执行力很强但纠错能力很差，一起步就比进行股权分配的企业落后了很多。

对于企业家自己的企业来讲，应该拿出多少股份，没有绝对的比例。千人千面，企业之间也千差万别，属性不一样，赢利模式不一样，利润率不一样，所以拿出的股份比例也不会一样。如果我们没能在企业初创期就打开股权激励的大门，那么也可以参照现有的一些成熟企业的做法，借鉴一些他们的数据，从而在制定自己企业制度方面有个参考。

第一，成熟型企业要制定薪酬战略。薪酬战略跟同行相比是偏高、平行还是偏低？假设同行的CEO是年薪100万元，那你的企业也可以实行CEO年薪100万元，但是给的方式不一样——别的企业是直接用年薪的方式，你用的是股权激励，属于组合式薪酬方略。第二，根据岗位价值确定股份的额度，不同的岗位所能获得的股份额度不一样。第三，将行业水平与个人薪酬相结合。

第一步，你了解到同行中相同水平的CEO年薪是100万元。第二步，你了解了想做CEO的那个人的期望年薪是130万元。第三步，计算差距，这个人的期望值与行业的平均水平之间相差30万元。第四步，根据来年可分配利润转换成股份比例。比如企业前年赚了800万元，去年赚了900万元，今年赚了1 000万元，那么可以测算出企业明年的利润大概是1 100万元，假设明年可以拿出1 000万元利润进行分配。给CEO的100万元年薪不变，另外再给他3%的在职分红（30万元），就能达到年收入130万元的水平了。如果给他5%的在职分红，他就可以拿到50万元的分红，加上100万元的底薪，年总收入就是 150 万元。有激励就要有考核：只要给了他股权激励，就有一个约束和要求——前提是明年公司的利润分配额度必须达到 1 100 万元，而要达到这个目标，有哪些工作是他必须完成的，假设他没有完成这些工作，那么预计给他的 3% 分红他是拿不到的。

这是成熟型公司设定的比例，既取决于行业水平，也取决于公司总体的利润额度和个人的欲望需求。股权激励的巧妙就在于降低人力成本、限定企业规范、约束管理整个企业的行为，它跟薪酬绩效完全是两个概念，一旦把股权激励做好，薪酬绩效是激励对象自己要想办法去做的。

不成熟的企业该如何设定比例呢？要考虑对方的欲望指数和企业的实际经济状况。比如这个人期望的年收入是 300 万元。一年怎么赚到 300 万元？你要算一算企业的整个利润情况、利润底线、安全保障、现金流目标等，计算过后，如果发现企业可以承受，就可以设计一个"优先分红"，只要对方能力很强，能完成各项指标，就可以给他这样一个收入保障。

在设定股权比例时要注意两种人。一种人的欲望会很高，每年最少要赚 300 万元、500 万元甚至 1 000 万元。这时如果股权激励的额度太小，恐怕难以起到激励作用，做得不到位，那就不如不做。想要满足这类人的欲望，有时不如更加干脆地采用薪酬的模式，规定只要他能完成各项指标，就可以拿到多少薪水，这个操作起来很简单。还有一种人是小富即安型，对他们做股权激励时，如果没有了解他们的真实需求，恐怕会犯下大错。比如有的人一生只想赚 500 万元，一旦达到这个自己心中的目标，他就实现了自己的人生追求。之后便不再有奋斗的欲望。假设你的公司一年销售额达

50 亿元，每年的纯利润为 5 亿元，如果你给这类人 5% 的股份，折合成金额大概在 2 500 万元上下，一夜之间就达成了他一辈子的目标，恐怕你就再也没有别的方法能留住他了。这种“小富即安”的人，有时候比欲望大的人，对企业的伤害更大，因为你无法用什么确实的东西拴住他。股权激励考验的，是企业家看人的能力。企业家要根据不同的人选择不同的激励方案，打组合拳。这就是为什么每家企业做股权激励，都与众不同。世界上没有两片相同的叶子，也没有两个一样的人。懂得人、理解人、能够把控住各种各样的人围绕企业一同向前，是企业家毕生要修的功课。

确定股份数量和比例时，除了借鉴其他企业的现有数据外，还需要遵循以下七个原则。

第一个原则是股份的稀缺性。股份制公司最稀缺的资源就是股份，跟别的资源是不一样的，是最稀缺的。它的总数确定，拆分出去将不能再生。

第二个原则是行业的竞争性。要了解整个行业的发展趋势，比如你今天拿出 3% 的股份给公司的 CEO，行业没这个先例，而你这么做了，你就是行业的引领者。假如这个行业里的股权激励已经非常成熟了，家家都在做，你跟同行相比还差得很远，那么你如果不做股权激励，或者做的额度全面低于行业水平，那就和不做没有什么区别，没办法达到预想的效果。

第三个原则是个体的激励性。不要因为企业还很小，就认为没有必要做股权激励。西方很多企业在决定创业的那一刻，就开始了股权激励的征程。你要如何吸引人，如何跟风投谈，如何跟高管谈，要获得什么，思考这些时就要有股权激励的理念。所以竞争性针对的是同行，激励性针对的是个体。

第四个原则是群体的公平性。公平性指的是对于整体的公平性。你给某几个人股份，他们会很开心，但是除了这些人之外，其他的人怎么办呢？这时就要考虑公平性。公平、公正、公开的股权激励制度，可以最大限度地激励员工，同时还体现了企业家的胸怀和企业公平竞争的企业文化。

第五个原则是投资的经济性。企业做任何事，都不能忽略投入和产出的比例，企业以营利为目的，没有意义的事情，要少做或者不做。做股权激励也是一样，企业一定要考虑作为一个企业家投资回报的经济性。

第六个原则是企业的安全性。股权不光可以给股东带来经济效益，股东还获得了决策权。企业家做股权激励时一定要考虑公司治理的安全性，失去企业控制权相信是所有企业家都不愿看到的事情，而合理的股权布局可以规避不安全现象的发生。

第七个原则是收钱的合法性。在做股权激励的过程中，还要考虑股份的分配，比如收钱、转让的合法性。这部分要多参考国家针对这方面发布的政策规定，切记不要踩线。

铺垫了这么多，现在我们要讲到“定数量”中最重要、最值得企业家好好思考的部分，那就是股权激励的三条生死线。掌握了这三条生死线，企业家们将会对股权激励有新的不同的认识。股权激励的三条生死线也不是一成不变，下面我们结合企业的不同发展阶段，来阐释这三条生死线。

股权激励的第一条生死线：释放给员工的股权激励额度必须低于 1/3。

企业家要拥有 2/3 以上，具体比例是员工持股在 33%以内、企业家持股大于等于 67%。为什么要用这种比例来设定呢？因为中国的《公司法》规定，当外围的股份大于 67%，或者有某个人的股份大于 67%时，对重大事件可以拥有完全表决权。企业的一些重大事项需要决策时，比如重大投资、兼并重组、修改公司章程等，都需要召开股东大会来表决。比如企业家把股份分给 33 个人，他们每个人占 1%，企业家一个人占 67%，那么企业一共有 34 个股东。假设企业家提出要修改企业章程，股东投票表决时，企业家投了赞成票，即使另外的 33 个股东都投了反对票，企业家的提议照样可以通过。这种情况下，股东会跟董事会不一样：董事会是按人数来表决，少数服从多数；股东会不是按人数，而是按持股比例来表决。

所以第一条生死线，就是企业家释放的股份额度不要超过 1/3，以保证企业家对企业拥有完全治理权。这种情况和前面我们说的放权不是一个概念，不是企业家不愿意放权，而是这个阶段的企业还不具备让企业家放权的条件，盲目放权不如不放。放权讲究的是策略和时机，跟风放权和跟风集权都是不理智的。什么时候能释放超过 1/3 的股份额度，取决于企业发展到了什么阶段。假设团队还不成熟，离开企业家就转不动，什么事都还要向企业家请示，这个时候企业家释放的额度总额就不能超过 1/3。这个额度不是针对其中某一个股东，而是除去企业家之外的所有人的总额。企业处于这个阶段时，必须由企业家把住舵，否则很容易政出多门，经不住考验就衰退了。

在股权统筹中，这叫作进攻型统筹，是真正可以做到进可攻退可守，收放自如的模式。进攻型股权统筹在修改公司章程、公司兼并重组、公司定向增发股份等重大事件中具有十分重要的作用。这种企业往往尚处在初创期，核心高管尚不成熟，水平尚不稳定，人员忠诚度尚未明晰，因此企业家应该将公司治理权控制在自己手中，以免高管获取股份后干扰或者影响公司的决策。

股权激励的第二条生死线，企业家控股最好大于等于 52%。

当然，随着公司不断的成长，高管素质不断提升，员工也逐渐变得成熟，专业水平不断提升。企业慢慢步入了发展期。某一天企业家会发现，企业中的高管、部门负责人慢慢能够独当一面了，有些事情即使没有交代，这些高管们也可以处理得不错，自己偶尔可以放松一下。就算不在公司时也放心。这时对企业家来讲是难得的时机，可以慢慢抽出身来好好去进行企业的规划以及更长远的思考。这个时候，可以考虑将股份再释放一些出来给这些核心高管，让他们从小股东慢慢变成中股东甚至过渡到大股东。这个时间段，老板只需做到管理型统筹的股权布局即可。

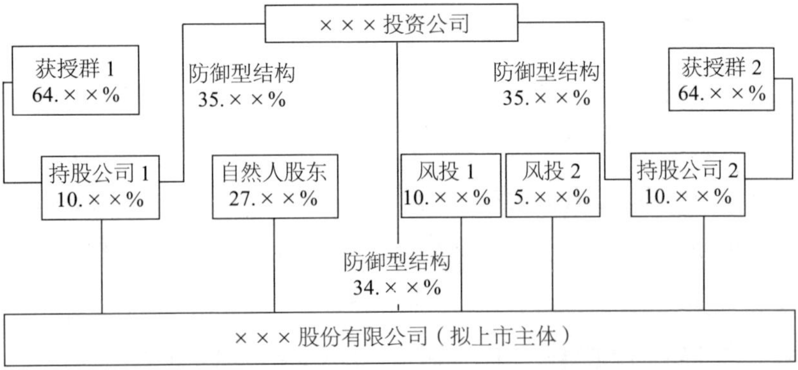

图 2–3　XXX 股份有限公司股权布局

企业发展到这个阶段时，企业家的股份就要变得少一些了，让出的这一部分股份，就是增发给下属员工的。这时企业家要做的是控股。所谓控股，就是掌握股份的控制权。掌握控制权，意味着企业家占有这家公司股份的一半以上，比较传统的说法是要占到51%，这也往往是没有做过股权激励的企业家，脑内产生的第一个想法。如果一个企业家在谈股份的时候，用51%作为一条分界线的话，那基本上可以确定，他并没有研究透彻股权激励。

在此我们提出一个新的比例概念，就是企业家所占比例要大于等于52%，而不是51%。为什么要“大于等于52%”呢？中国有句经典的话，叫作“不谋万事者，不足谋一时，不谋全局者，不足谋一域”，做股权激励也是一样，不能只看当下一城一地一时，而要谋全局——要把企业的整个生命周期看透。认为控股拿到51%就够了的企业家，通常处于两种情况：一种是确实没有经历过大企业的股权变更，没有看过里面复杂纷争的乱局；另一种是身临其境确有体验，但只是把它看作当下为自己企业输送利润的一个平台或管道。假设未来你想把这个企业变成一个公众的企业，所占股份就必须大于等于52%，而不是51%。

如果说，你的企业无论做到多大都不考虑上市，那么51%的控股就足够了。上市是企业发展一个不错的选择，但并不是企业的终极追求，并非每个企业都需要上市。但是如果在企业未来的规划中，有要上市的打算，那么52%以上的比例就是一道生死线。虽说51%和52%只相差一个百分点，但是如果企业真的上市了，这1%的控股将直接影响企业家对企业的控制权。可以说是一线天堂。在这里我们要理清企业上市的流程，理清了流程将有助于我们理解这

1%的部分。企业需要上市，其股份至少需要被稀释两次。

第一轮稀释，是企业引进风险投资之时。帮企业算一笔账，一笔风投进入企业时，要对企业进行尽职调查和全面了解。第一笔风险投资介入企业的时候，其内心期望占有的企业股份一般不会低于10%。也就是说，不管你持股多少，当风险投资进入，并占有企业10%的股份时，企业家的股份就不再是51%了。

很多人其实不会算这样一笔账。企业家所持的51%在风险投资进来后，一定会被稀释。但如何稀释，却有两种不同的算法。一种算法是风险投资要占的这10%股份，由企业家一个人出，因为其他人的股份都是“优先股”，事先已经约定好，不管公司发生怎样的变化，优先股股东的股份是不能改变的，这就意味着，企业家要从原来拥有的51%的股份中，减去10个百分点分给风险投资方，这样企业家手里还剩41%。另一种算法叫作同比稀释，也就是说企业家拿出自己51%股份中的10%，即5.1%给风险投资方，另外的持股人，也拿出自己所持比例的10%，所有企业持股人共同按10%的比例抽减出股份给风险投资方，这时，其他持股人的股份变化我们暂时不去理会，单讲企业家的股份，就是51%减去5.1%，剩下45.9%。相比较来讲，第二种同比稀释的方法给企业家剩余的股份比例会多一些，对企业家来讲也比较理想。

然而，企业还将要面临第二轮稀释，这第二轮往往是在公司上市时。企业如果上市不成功也就算了，上市如果成功了，企业家的股份就要再次稀释25%，就是45.9%的25%，而不是要减少25%。

总的算起来，企业上市期间，这两轮股权稀释的比例相加高达35%。假设企业家原来持有51%的股份，被稀释了35%之后，所剩的股份比例还剩 33.15%；假设企业家原先持有 52% 的股份，同样稀释 35% 之后，所剩的股份比例将剩下 33.80%。33.80% 和 33.15%，看起来不过是百分之零点几的区别。但它跨越了一条分界线，就是一个大于 1/3，一个小于 1/3。这个区别太重要了。在企业处于初创期的时候，理想状况是企业主拥有超过 2/3 的股份，其他人合计拥有不到 1/3；现如今企业上市了，经过稀释后，企业中其他人合计拥有超过 2/3 的股份，反而是企业主拥有股份数小于 1/3……不难想象，作为创建企业的人，作为企业的最高领导者，反而受制于自己的企业，甚至不知道这还是不是自己的企业。在平时的运营中，企业家可能对此感受还不大，一旦出现股东投票的情况，企业主很有可能被其他股东联合起来“一票否决”。他没有任何可以推行重大决策的能力，因为你从股权布局上，已经被架空了。我们把事情往最坏的方面展望一下，如果这时出现一个人，他可以联合其他股东一致对外，支持他观点的外围股份将有超过 2/3 投票的可能，他可以对公司做任何的改动，包括重新制定公司的章程。而企业主作为企业曾经的主人，除了看着自己的劳动果实被别人瓜分，别的什么也做不了。这时候回头想想，才发现给他们递上屠刀的，正是当年的自己。

所以，我们说 51% 和 52% 之间，绝对是一线天堂。如果在两次股权稀释后，你作为企业主，还能拥有 1/3 以上的股份，那么你除了保证外围的股份整体少于 67% 之外，还将拥有另外一项权力——重大事件否决权。因此，在股权稀释前的发展期，企业家控股最好大于等于 52%，这是第二条生死线，叫作防御型股权统筹。

股权激励的第三条生死线，企业家的股份最好在 35% 以上。

第三条生死线是什么呢？企业家的股份最好在35%以上。和上面那条生死线的设定逻辑一样，这也是属于一种防御型的股权统筹。企业处于初创期时老板的股份最好占67%以上，发展期时占52%以上，扩张期时占35%以上，等到企业家拥有了充足的能力和底气时，也就是企业步入成熟期的时候，拥有2.5%就可以了。

西方的企业在成立之初，就会有专业的律师为创业股东立下几条规则。比如，×××是公司的原创股东，未来不管他的股份被稀释到什么样的程度，他所拥有的对企业的表决权不低于51%，后来的股东不同意这个规则将不能进入。×××是公司的发起人股东，未来公司的董事会成员，由他提名的人占有半数以上的席位。换句话说，这样的规则使得这个约定中的人既控制了董事会，又控制了股东会。或许在经历各种股权稀释和变化后，他实际上只拥有2.5%的股份，但这不重要，因为他可以依靠这些创业之初建立的规则掌控公司。

当然，除了公司章程里约定的保障性条款之外，也有一些律师会给你的企业找漏洞，比如说你的企业没有按时披露信息，又损害相关者或者股东家族利益，所以律师要起诉你的公司。

对此，企业家要学会真正灵活运用规则，不要死板教条。在推行以上种种方案的时候，一定要先问问自己，自己的企业是否真的够成熟了。中国企业千千万万，真正成为公众化企业的凤毛麟角。

随着企业继续发展，企业逐步成熟。企业处于成熟期的时候，当企业是由社会的力量来监督时，作为企业主，持有的股份可以变得很少，企业主不需要掌握1/3以上的股份，哪怕只有公司百分之几的股份，也非常优秀了。因为这个时候公司发展到了成熟期，到了公众治理的阶段，尽管企业主拥有很少的股份，但是可以在公司章程里面加上保障自己作为原创股东的权益的条款，让自己拥有公司的主导权。这就是公众型股权统筹，这和防御型股权统筹，思路上就天差地别了。

在股权激励中，设定总公司及分、子公司的股权激励额度是重要一步。在上市之前，总公司的激励额度一般是 10% ~ 48%，这是基于“股权激励的三条生死线”得出的结论。48%的股份分出去，总公司还有 52%的股份，这 52%是总公司可以影响、可以控制的，但不一定是企业家自己拥有的，目的是进行控股，这叫管理型统筹。通过子公司分出去的 48%，可以采取不同的方式进行分配，比如 19%用于总公司的核心高管，9%用于分公司、子公司，20%用于投资机构。但这 48%不是一口气就分完的，有的可能要到公司准备上市的时候，才拿出来使用。在企业没上市之前，可以采用 48%的注册股加上部分在职分红股组合推行。比如企业主只占有 30%，剩下的 70%可以由企业拿去分配，但企业主依约持有 52%的表决权，将两种思路组合起来实施。这就是一直在提的，企业家要有灵活的思路，要懂得制定规则，灵活布局，并留有余地。

分公司只是企业的一个下属机构，没有办法注册，也没有股份；而子公司是可以注册的，并且拥有股份。假设企业家没有打算让子公司成为上市公司，那么你可以拿出 49%的股份作为上限进行分配。为什么不能超过 49%呢？假设总公司以后上市了，你必须控股子公司 51%的股份，财务才能合并报表。假设觉得 49%的额度太少了，那么平时分红的时候可以多分一些，但企业家的控股比例要超过 51%，必须把握住这个原则。

假设你想让某个子公司在未来单独上市，那么在未上市之前企业家最好占 52% 的注册股，做好股权防守，和之前提到的生死线思维是一样的。

定来源，开源胜于节流

在股权激励中，股权会增发也会释放。但增发的股份从哪里来，很多企业家们却不得而知。这里来介绍两个增发的渠道，一个是“做减法”，一个是“做加法”。对目前市场上的企业进行分析我们发现，大多数企业在分配股份的时候，都是使用了“做减法”的方式。

所谓的“做减法”，就是指把原有的 100% 股份逐步释放出去，激励对象所获取的所有股份，都是从原有的 100% 股份里面来的。这种做法就等于把原有股份当作一个固定的存量，然后不断向外面分发，其结果自然是原有的存量越来越少，同时分发也越来越细。举个例子，企业一共拥有 100% 的股份，都在企业家手里。这时外聘 CEO 来了，企业家分给他 5%，手上还剩下 95% 的股份，这就叫“做存量做减法”。用“做存量做减法”的激励方式，企业越发展，面临的“死亡威胁”就越大。比如企业家有 100% 的股份，给 CEO 分配了 5%，自己还剩下 95% 的股份。结果 CEO 拿到注册股后，并没有留在企业，提交辞呈之后，带着这 5% 的股份离开了企业。这是从制度上是无法规避的，在现实生活中，也常常会遇到。没有办法，企业家只好重新招聘新的 CEO（这里称作 CEO 2 号）。这次企业家留了心眼儿，没有直接给他股份，而是考察了他两年时间。CEO 2 号在接任的两年内，勤勤恳恳为企业付出，通过努力带领企业进入了一个发展的新高度。企业家在欣慰的同时，为表示鼓励和肯定，给他发放了 5%的股份。然而，在发放股份之后不久，CEO 2 号也因为种种原因离公司而去，于是他又带走了 5%的股份，企业不得不再招聘新的CEO，循环往复。现代社会，人才流动是必然会发生的，并且，优秀人才的流动速度还有越来越快的趋势。企业家外流的股份越来越多，自己手上的股份却如流沙越来越少……这样，不断地人来人走，不断带走企业家池子里的股份，企业股权池经过多次这样做减法，总有一天股份会变为零。再者，这样分配股份并不能起到很好的激励作用，甚至可以说，带来的激励效果十分有限。因此，这种做减法的股权分配，并不是一种科学的分配方法。

所谓的“做加法”，也叫“虚拟转换法”“无中生有法”。具体的做法是把原有的股份虚拟成 100 股，如果要给激励对象股权，那么就在这原有的 100 股的基础上增加股数。例如，如果要给CEO股份，假设是要 5 股，那么就在 100 股的基础上加上 5 股，总股数变成 105 股。以此类推，后面的激励对象的股数也是在原有 100 股的基础上增加，总股数不能无限小，却可以无限大。这种做法的好处有很多，最主要的是能解决激励对象获取股份后小富即安、不思进取的思想。因为能干的人的股数是不断增加的，而不能为企业继续创造价值的人的股份绝对值是不变的，但实际上分红比例就会不断减少。换句话说，如果你不努力，公司会给比你努力的人股份，会有更多的股东进来稀释你的股份，这样你的分红比例就会慢慢变小，这会促使你更加努力工作，争取多做贡献，多赚取股数，从而增加你的分红比例。这相当于股权池内的分母不断扩大，激励对象得到的分子却是一定的。想要得到新的分子，增加自己的持股比例，就要不断追求进步，为企业做出贡献来挣得分子，从而增加自己所占的比例，超越其他激励对象。

因此，股权的增发不能做减法，而是要做加法。还用刚才CEO的例子来分析，做加法的好处在于，第一位CEO如果离职了，到工商局注册时，他的股份不是5%而是4.76%。他离开公司，带走了5股的分红，然后第二位CEO来接任，同样享有5股的资格，如果经过努力拿到了这5股，那么公司总分红股数就变为110股。假设有20个CEO都来公司走上一圈，每个人都能拿到5股。这时，企业的总分红股数变为200股。如果按照“做减法”的模式来做，20个CEO每人拿了5%的股份后就走人了，单从数值来计算，公司的总股份就变成零了。相当于，什么都没留下，反而赔了夫人又折兵。

这就是改变游戏规则的魅力所在。过去“做减法”时，很多企业家会很担心高管一拿到股份就立刻走人，忘恩负义过河拆桥，用“做加法”的方式进行股权激励就不必担心了。

这里笔者提出一个观点，叫作“功者有其股”，也就是说，股份永远给对企业有贡献的人。股份的分红，应该留给那些正在为公司创造价值的人，谁创造的价值多，谁得到的股份就多。员工持有的公司股数是个分子，而公司分红的总股数却是个分母，分母可以不断变大，如果分子不变，分母越大，值就越小。假设CEO拿着股份离开公司了，那他的股份就会不断被稀释。

所以，做股权激励方案时不要再用百分比了，一定要首先确立公司股份虚拟为多少股，打算增发多少股而不是拿出多少股来进行激励。拿出多少股叫“做减法”，增发多少股叫“做加法”。把“做加法”学会了，做股权激励就能屏蔽掉很多风险。而且这种方法都是在职分红股激励，不用到工商局注册，几乎没有任何后顾之忧。从“做减法”到“做加法”，这是一个重要的改变。股份从哪儿来？无中生有。

当然，从专业的角度来看，股份来源还有大股东转让、二级市场回购等方式，但不管怎么样，从股权激励的角度，要想股权激励能够长期有效，真正做到激励而不是福利，那就一定要“做加法”，做增量。

定性质，掌握虚实之法

在定对象的时候，我们提到一个概念，叫作虚拟股权，即虚股。虚拟股权是从股份的性质角度来划分出的一个概念，与之相对应的是实股。

股份的性质从大的范围来讲分为两种，一种叫虚股，一种叫实股。虚股就是只有分红资格，没有决策权，不需要到工商局注册。实股就是既有分红资格，也有决策权。我们在股份市场上经常可以听到一种提法叫作干股，干股是否也属于其中一个分类呢？不是。事实上，无论是否要到工商局注册，只要是免费授予员工的股份，就可以称为干股。干股既可以包括虚股，也可以包括实股，所以谈干股的概念是没有意义的，一般都是谈虚股和实股。

虚股中的“虚”并不意味着是“假的”，而是“虚拟的”，虚拟股份下分的款项有可能比注册股东分得还要多。

我们再来谈谈虚股。所谓虚股是指企业授予激励对象一种虚拟的股票，激励对象可以据此享受一定数量的分红权和股价升值收益，但没有所有权，也没有表决权，不能转让和出售，并且会在离开企业时自动失效。与实际股权激励类似的是，公司授予激励对象的“虚拟”的股票，在公司实现业绩目标的情况下，激励对象可以据此享受一定数量的分红权和股价升值收益。和实股的区别在于：虚拟股票模式没有所有权和表决权，不能转让和出售，也无须工商登记。

虚拟股权激励是有条件地、中长期地跟踪股东价值，而非上市的企业则是跟踪每股利润。虚拟股票的优势在于避免了以变化不定的股票价格为标准去衡量企业业绩和激励员工，尤其是在这些波动不是由于企业业绩变化造成，而是由于投机或其他宏观变量等经理人不可控因素引起时。

当然，虚拟股权激励也存在一定的风险。由于虚拟股权操作方便，只要拟定一个内部协议就可以了，也不会影响股权结构，也无须考虑激励股票的来源问题，但由于企业用于激励的现金支出较大，会影响企业的现金流，毕竟并不是所有企业都能保证持续的高增长和高利润。另一方面，如何考核参与虚拟股权计划的人员也是风险之一。对于实施虚拟股权激励的企业需要考虑的重要问题就是，如何实现经营者报酬与其业绩挂钩。

最早运用虚拟股票的是玫琳凯公司。1985 年，面对公司销售额下降、财务困难等危机，公司设计出一种想象的股票来跟踪玫琳凯公司的股价，给 30 位高级经理相当于玫琳凯公司 15% 股份的虚拟购股权，价值 1 200 万美元。在这样的激励制度下，1990 年玫琳凯公司恢复了生机，虚拟股票增值两倍以上。

虚股是不需要花钱购买的。比如在职分红股份，人在公司时就有，人不在公司时由公司自动收回，这种股份不能收钱，如果收钱且没有处理好就容易落入非法集资的范畴。

实股股权激励，是指非上市公司直接以该公司在工商局登记的股权作为激励标的，通过各种方式使激励对象拥有公司实股，也就是成为公司股东的一部分，以此来达到激励激励对象，使激励对象的利益与公司利益、与公司股东的利益保持一致。一般来说，实股激励有三种类型。

第一种，实股奖励。

实股奖励即股东或者企业无偿授予激励对象一定份额的股权或一定数量的股权。如果是因为激励对象达到了企业设定的经营目标，而被企业授予实股，这种股份也会被称为业绩股份，激励对象获得的经营业绩股份，享有分红权。为了避免激励对象的短期行为，可以规定实股所有权保留期，在期满后，符合授予条件的，由企业按持股份额发放股份登记证书，或者前往工商局办理股权变更登记手续。

第二种，实股出售。

实股出售即股东或者企业按股权评估价值的价格或者优惠打折的价格，以协议方式将公司股权出售给激励对象。

第三种，定向增资。

定向增资即企业以激励对象为定向增资扩股的对象，由激励对象参与企业的增资扩股行为，激励对象获得企业的股权。

对于激励对象而言，拥有实股，就意味着拥有了企业注册股东的合法身份，可享受法律规定和保护的股东权益。根据规定，作为企业注册股东，可以享有以下14条所列的权利。

1.作为实股股东，有权请求阅览、复制公司章程、股东名册、管理人员名册、股东会议记录、财务会计报告、审计报告等。

2.有权请求查阅、复制公司会计账簿。

3.有限责任公司股东可以请求查阅董事会会议记录；股份有限公司股东持有公司1%以上的股份的，可以请求查阅董事会会议记录。

4.实股股东因行使知情权受到阻碍，可以以公司为被告提起诉讼。

5.股东会会议做出修改公司章程，增加或者减少注册资本的决议，以及公司合并、分立、解散或者变更公司形式的决议，必须经代表三分之二以上表决权的实股股东通过。

6.有限责任公司股东会决议公司合并、转让、实行股份交换、出租公司全部财产、对公司经营范围进行重大变更或者修改公司章程限制股份转让的，在股东会决议表决时投反对票的股东有权请求公司收购其股份。

7.公司连续五年或者五年以上赢利，且符合公司法规定的股东分配利润条件，但不分配利润的，在股东会决议表决时投反对票的股东有权请求公司收购其股份。

8.有限责任公司出资人履行出资义务或者股权受让人受让股权之后，公司未向其签发出资证明书或者未将其记载于公司股东名册的，股东可以向人民法院提起诉讼，请求公司履行签发记载义务。

9.股份有限公司成立后，履行出资义务的股东，有权请求公司交付股票；公司不予交付的，股东可以向人民法院提起诉讼，请求公司履行交付义务。

10.记载于有限责任公司股东名册的公司股东向公司主张股东权利，公司无相反证据证明其请求无理的，人民法院应予支持。有限责任公司未置备股东名册，或者因股东名册登记管理不规范，未及时将出资人或者受让人记载于股东名册，但以其他形式认可出资人或者受让人股东身份的，出资人或者受让人可以依照前款向公司主张权利。

11.有限责任公司应当根据公司登记条例将出资人或者股权受让人作为公司股东向公司登记机关申请登记或者变更登记。公司不予申请登记的，出资人或者受让人可以向人民法院提起诉讼，主张其享有公司股权并请求公司履行登记义务。

12.有限责任公司出资人履行出资义务或者股权转让的受让人支付受让资金后，公司未向其签发出资证明书、未将其记载于公司股东名册或者未将其作为公司股东向公司登记机关申请登记的，出资人或者受让人可以向人民法院提起诉讼，请求判令公司履行签发、记载或申请登记义务。

13.股东主张撤销股东会议决议的，应当自股东会议结束之日起两个月内提起诉讼；股东主张股东会议决议无效的，应当自股东会议结束之日起两个月内提起诉讼。

14.股东认为股东会议决议违反法律、行政法规或者侵犯股东合法权益的，可以向人民法院请求确认股东会议决议无效。

实股、注册股是必须花钱买的，因为其所代表的意义不仅仅是分红这么简单。实股的交付，代表着权利和义务的交付。对企业来讲，实股的激励数量必须有所限制，交付时不能带着盲目的心理。

通过以上分析我们可以看出，企业采用什么性质的股权进行激励，是由企业的激励目的、激励条件等其他因素决定的。深入了解了实股和虚股之间的区别及特点，找到合适的位置加以应用就显得尤为重要。

定价格，粮草价值几何

在谈实股和虚股的时候我们提到，股份需要花钱购买，那么这里面就出现了几个需要企业家关注的问题。第一个问题是，企业售卖股份是否有非法集资的嫌疑？第二个问题，股份用什么方式作价，价值如何？

我们先来看看第一个问题，花钱购买股份，企业是否构成非法集资？这个部分，我们要找出相对应的国家相关规定进行一些分析。根据国家颁发的《关于取缔非法金融机构和非法金融业务活动中有关问题的通知》，对非法集资的定义是这样的：非法集资是指单位或者个人未依照法定的程序经有关部门批准，以发行股票、债券、彩票、投资基金证券或者其他债权凭证的方式向社会公众筹集资金，并承诺在一定期限内以货币、实物及其他利益等方式向出资人还本付息给予回报的行为。非法集资一般有几个特点。第一个就是未经有关部门依法批准，包括没有批准权限的部门批准的集资；

有审批权限的部门超越权限批准集资。第二个是承诺在一定期限内给出资人还本付息，还本付息的形式除以货币形式为主外，也有实物形式和其他形式。第三个是向社会不特定的对象筹集资金。这里“不特定的对象”是指社会公众，而不是指特定少数人。第四个是以合法形式掩盖其非法集资的实质。

细细阅读下来，我们不难发现，股权激励和非法集资在本质上是有差异的。我们可以一一对比，看到如下区别。对推行股权激励的企业而言，企业没有公开对社会大众发行股票，只是对特定的、被纳入激励对象范畴的企业员工及行业员工发售。同时，它没有给被激励对象一定期限内还本付息的承诺，双方为了企业的目标，要共同承担风险，获益后也是共享收获。显然，激励对象付出一定的费用，来购买企业股份并不属于非法集资，而是企业内部的一种正常经营行为。

接下来，介绍三种方式，告诉企业家们股份应该以什么样的方式作价，价值又应该如何确定。

第一种方式，叫作现值等利法。在介绍股权激励的时候，我们曾提到这种方法。假设有一家企业，其净资产为 1 000 万元，那么企业 100%的股份就值 1 000 万元。现在企业要发行实股，要到工商局给确定好的激励对象注册 5%的股份，那么，这 5%的股份就值 50 万元。换句话说，被激励对象要花 50 万元才能注册这家企业 5%的股份。股份与价格是对等的。

接下来的第二种方式叫作现值有利法。顾名思义，这是指对被激励对象有利的法则。还是以刚才那家净资产为 1 000 万元的企业为例，按照现值等利法的原则，激励对象需要花 50 万元才能买到 5% 的股份，按照现值有利法来计算，激励对象只需花 25 万元就可以买到了。这是企业按照“买一送一”的方式，给激励对象以优惠，让其低于实际价格购买企业股份。这种现值有利法，对职业经理人级别的激励对象来说是十分有利的。同时，其带给人的激励感受也不一样。有企业让利给激励对象的思路在里面。

第三种方法和第二种方法相反，叫作现值不利法。如果现值有利法是对激励对象有利，那么现值不利法则是对激励对象不利了。为什么叫不利呢？假设现在净资产为 1 000 万元的企业，其 5% 的股份应该值 50 万元，但是有风险投资进来了，风险投资愿意用一个亿的价格给公司估值，那么风投如果要取得企业 5% 的股份，就需要花 500 万元来购买。显然，这个时候激励对象是没有办法花费 50 万元购买到 5% 的股份，需要花更多的钱才可以，这就叫作现值不利法。在某些特定条件下，企业也会选用这种作价的模式。

我有一个不成熟的小建议

定权利，我能给你什么

在股权激励制度推行之前，企业首先需要让激励对象明白，被纳入这个范畴中的人员，也就是这些持股者，他们拥有怎样的权利。这个权利是企业家赋予的，企业家和激励对象都要清楚，通过股权激励所获得的股份一般有这样一些权利：分红权、决策权、转让权、继承权……以上这些权利可以统称为所有权。

不同的股份属性，往往拥有不尽相同的权利。比如前面提到的虚股，就只拥有分红权，虚股不具备其他的权利。而注册股就不一样了，注册股所拥有的权利很多，包括决策权、转让权、继承权、授予权、抵押权和担保权等。比较起来，虚股和实股之间的权利差异非常大。

在推行股权激励制度时，要明确规定出，这份股权带给激励对象哪些方面的具体权利。如果使用虚股，在规定中只涉及了分红权的部分，企业可以根据相关条件，选择“28”分红原则、“532”分红原则或者其他更完善的分红原则。但如果企业推行注册股，涉及众多权利时，激励方案的制订及过程中就要注重各项规定的合理合法。在设计股权激励方案的时候，确定激励对象享有什么样的权利，是非常重要的一环。企业家心里要有一杆秤，权利的赋予要兼顾安全和公平，还要考量企业的决策平衡和控制权把控。没有理清楚权利，整个股权激励方案就会乱成一锅粥，找不到头绪。

笔者曾了解到一家创业公司。这家企业起步时间不长，早早地推行了股权激励，并把企业的总经理、财务总监和营销总监纳入了股权激励体系里。按照激励体系的规定，如果当年这家企业能够完成之前设定好的年度目标，各个部门也能分别完成部门目标的话，企业将拿出总股本的5%对这些激励对象进行激励。

在大家的努力下，企业不仅在年内完成了年度目标，甚至还超额完成了5%的任务量。企业家很高兴，非常痛快地兑现了之前的承诺，给这三位激励对象分配了股份。在分配时，企业家没有采用虚股的形式，而是采用了注册股份的形式，也就是实股。这三位被激励的对象，一跃成为企业的注册股东，拥有了一定的决策权等相关权利。

然而，裂痕也就是从这个时候开始的。在确立了股东身份后，其中一位营销总监开始以股东身份，干涉企业内部其他部门的工作，经常要求其他部门提供各种报表甚至要求财务部门提供全公司的财务报表给他。除此之外，这位营销总监还经常干涉其他部门的业务决策，令企业发展陷入了严重的内耗，人心惶惶。

这样的案例不胜枚举。企业本意是激励员工，掌握企业发展的主动权，却没想到反而陷入了被动的局面。当初在开展股权激励的时候，其企业没有注重有关股东权利的细节规定，没有完全明确对激励对象获取股份后的权利约束，以致造成了核心骨干在签署股份赠予合同之后，完完全全拥有了合法股东的所有权利。

做企业，“丑话说在前”“坏事想在先”很重要。如果当初公司在授予股份时，就明确规定激励对象在获取股份后，第一个周期内仅拥有分红权，第二或第三个周期时，再根据实际情况慢慢拥有其他权利的话，再面对这类情况时，就不会完全失去应对之法，最起码可以有一个缓冲的余地。

定条件，你要记得回报

明确了激励对象进入激励范畴时拥有的权利外，企业家就要开始着手确定，设定什么样的条件来准入激励对象。激励对象需要具备什么样的条件，才能进入激励范畴。目的决定条件，前期已经设定好的企业目标和个人目标，将决定准入条件。企业打算通过股权激励达成什么样的目的，就把准入条件设定成什么样子。

条件怎么定？还是那句话，目的决定条件。假设你想留住某个高管，你可以跟他约定：只要在企业内部工作满多少年，并取得什么业绩，就可以给他对应的多少股份，但是在给他股份的当年，无论什么原因，只要他离开公司，公司就可以收回全部的股份。

比如，企业家打算给CEO分配5%的股权，就要事先跟CEO约定：双方认可，这个岗位可以有分配5%股权的资格，要想拿到这5%的分红，前提是这个岗位的总体目标完成率不得低于80%；如果CEO连80%都完不成，只完成了60%，那么就只能依约，提供5%股权的60%，也就是3%的激励；如果CEO连60%都完不成，对不起，今年针对CEO岗位股权激励的资格将被取消，这就叫定条件。

有的高管或许会担心，如果自己的能力很强，拿的股份越来越多，功高震主，企业家会不会因此感觉受到威胁，怕被有能力的人吃空了企业，找茬把高管开掉呢？这时候，企业家的领袖智慧就起到作用了。企业家如果让下属高管们有这份顾虑，只能说明自己的管理能力还有所欠缺，心胸还不够宽广。企业家不能总是一味地要求高管要怎样，约束有时候是相互的。用人不疑，疑人不用。作为企业家，在遇到真正值得花大力气维护的人才时，不要计较自己名下一城一地的得失，而要考虑到企业整体的前景。当企业可以坐拥行业，成为翘楚时，相信企业家的格局、核心高管的格局，甚至一线员工的格局，都会变得不一样起来。

通常来说，被激励对象想要成功获取股份，需要通过企业对其个人和所在部门的考核才可以。考核的标准千变万化，每个岗位都有不同的考核模式。综合这些年来的经验，我们会给出企业一个建议，那就是整体按照“六星标准”来考核，每个标准的分支部分根据部门特点细化。达到考核标准，并通过考核的激励对象，可以依照之前股权激励制度的约定，顺利拿到股份。

“六星标准”是指人才考核中具体到每个项目，共有六个考核的内容模块，分别为思想意识、绩效目标、行为表现、道德表率、学习成长、人才培育。

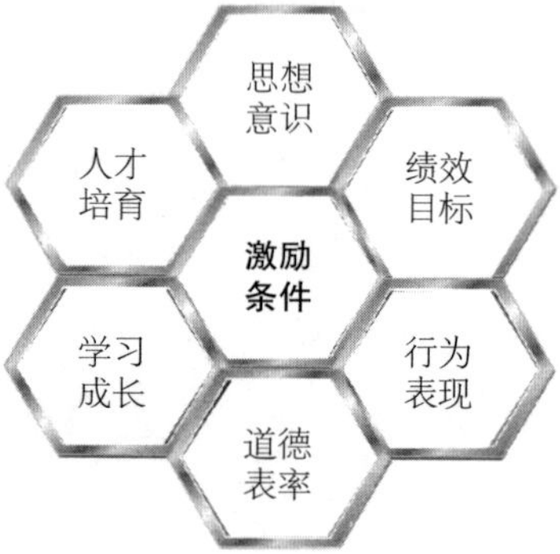

图 2–4 “六星标准”

企业可以根据自身的情况，从这六个方面为激励对象设置科学的考核条件。下表是我们之前做过的一个考核标准，并不是很全面，但有一定代表意义，以此为例，简单介绍一下这六个方面的一些基本考核条目，为企业家们制定自己的“六星标准”提供一点思路。

定合同，进退契约为凭

明确了激励对象的权利，和激励对象的准入条件，那么要如何将这些落实在白纸黑字上留下凭据呢？这牵扯到一个问题，那就是导入股权激励时，要不要与激励对象签订股权激励协议书。这取决于企业的价值观。一个理想的商业环境，应该是一个契约社会。人

序号	考核项目	考核标准
1	价值观	考核标准： （1）要求价值观与公司保持一致； （2）一票否决制
2	公司招标／部门指标	考核内容： 公司指标： （1）财务指标　权重 50% （2）客户指标　权重 20% （3）营运指标　权重 10% （4）员工指标　权重 20% 评分标准： 1）85%≤公司指标完成率，系数为 1； 2）70%≤公司指标完成率＜85%，系数为 0.7； 3）公司指标完成率＜70%，系数为 0
3	自律项	评分标准： （1）违纪次数不超过规定次数； （2）一票否决制
4	客户满意	评分标准： （1）被投诉（成立）不能超过 3 次； （2）一票否决制
5	品德项	评分标准： （1）全员支持率不得低于 85%； （2）一票否决制
6	成长项	评分标准： 学习投资等于或高于收入的 5%，系数为 1。学习投资每降低 1%，成长项系数降低 0.05。成长项系数最低为 0.80

图 2–5　“六星标准”基本考核条目

与人之间的合作、企业与企业之间的合作，都要依靠契约精神来实现。很多从家族企业发展起来的企业，往往存有面子社会的缩影，不喜欢签订纸面合同。其实这是有悖商业发展的大趋势的。企业想选择法制化、规范化的企业治理模式，那就必须要将权利与义务合同化、契约化。企业一定要与激励对象签订股权激励协议书。这个协议书中，接受股权激励的对象最起码要与公司签订四项子协议，分别是劳动合同、在职分红协议、竞业禁止协议和保密协议。

签订股权激励协议书，前提是激励对象要同企业签订正式的劳动合同，如果劳动合同都没签订，员工在企业的雇用条件都不能成立，空谈其他协议，都是无法立足的。

在职分红协议是股权激励协议书中比较重要的一个部分，在前面我们已经就这个问题说了很多，后文还会再针对不同的股权激励方法进行详细讨论，在此就不展开来细讲。

竞业禁止协议是什么呢？比如激励对象在某企业工作，业绩非常突出，经由认可后，现在企业家准许激励对象成为企业的股东，但是双方之间要有约定：假设某一天激励对象选择离职，那企业家有权要求这位优秀的人才，两年或者三年内不可以到同行企业工作，如果激励对象不接受这个条件，就不能对其进行股权激励。假设激励对象离开企业后，依照约定，没去同行企业，也就是具有相互竞争性质的企业工作，那企业家每个月可以发给他一定数额的工资，作为守约的成本。但是他每个季度要向企业提交述职报告，说明他在做什么样的工作，同时为了证明没有隐瞒原企业，确实没有到同行企业工作，还需要提交相关的劳动合同和社保证明。满足以上几个条件，就是非常严谨的竞业禁止协议。如果离职的员工违背协议，离职后跳槽到同行企业工作，那么按照竞业禁止协议的约定，原企业可以要求离职员工根据企业定损进行赔偿。

保密协议的签订，代表着成为一家企业股东，将会受到的约束。“激励与约束是同步的”，一旦企业家把激励对象纳入企业股东这个家庭里来，那么家里有多少家底，什么情况，就都要告诉他了。企业对作为股东的激励对象不加隐瞒，那激励对象就要对企业负有保密责任，一旦有一天，某位股东泄露了企业的涉密信息，就将会受到惩罚。轻则取消泄密股东的股权激励资格，重则还需根据企业损失要求赔偿，严重的可以交由司法机关处理。因此，保密协议的签署对企业来讲十分必要，对激励对象来说，也需时时刻刻绷着这根弦儿。

为了方便企业家们对股权激励的各类合同有所了解，我们提供了一部分合同模板供企业家们阅读参考。这些模板将以附件的形式出现在本书的附录部分，有需要的企业家们可以查阅借鉴。

定规则，再见亦是朋友

前面的“十一定”，讲的都是企业和激励对象怎么进入股权激励的世界，然而有进就有出，股权激励的退出机制有哪些呢？激励对象是否可以选择退出股权激励呢？

对于股权激励，我们提倡“进入有条件，退出有机制”，通俗一点说，就是要制定好进入和退出的游戏规则。“没有规矩，不成方圆”，股权激励不是一劳永逸的，不是一个可以永久享受的福利，不论是在职股东还是注册股东，都有被终止激励的可能。所以，进行股权激励之前，我们要设定一系列的考核条件和退出的“电网”。

达到考核条件的，可以进来；触犯公司电网的，则要退出。事实上，就算是注册股东，也有很多方面需要我们提前考虑。比如说股份的转让，需要提前设立好转让的规则。

除去被动的退出之外，几年后注册股东要主动离开公司，也要有离开的办法。一旦注册股东出现意外情况，也要有应对的办法。那么这种情况下股份如何处理，也是在做股权激励之前就要提前设定好。

一般来讲，股东退出一般可以归到以下四种方式的其中一种，分别是股权转让、股东退股、股东离开和股东死亡。

成为股东之后，股东彼此间会产生股权转让的情况。有限公司中的股权转让很简单，股份公司稍微复杂一点。一般说来，按照《公司法》的相关规定来执行即可。

先来看看《公司法》对于股权转让的规定：股东之间可以相互转让其全部或者部分股权。股东向股东以外的人转让股权，应当经其他股东过半数同意。股东应就其股权转让事项书面通知其他股东征求同意，其他股东自接到书面通知之日起满 30 日未答复的，视为同意转让。其他股东半数以上不同意转让的，不同意的股东应当购买该转让的股权；不购买的，视为同意转让。经股东同意转让的股权，在同等条件下，其他股东有优先购买权。两个以上股东主张行使优先购买权的，协商确定各自的购买比例；协商不成的，按照转让时各自的出资比例行使优先购买权。

也就是说，股东之间是可以相互转让全部或部分股权的。股东不仅可以向内部转让股权，还可以向外部转让股权。但是向外部转让股权，有一个前提，要先以书面形式，通告所有其他股东知道，其他股东在收到你的书面通知30个工作日之内，没有回复的，视为同意你向外部转让股权。如果没有书面通知，股权转让就是非法的、无效的。假设有风险投资想要入股企业，占有一定比例的股权，那么企业在把股权给到风险投资者之前，要给所有的内部股东发一个意见征询函，告知内部所有股东，企业打算增发股权1 000万元，问这些人是否有购买的意愿，如果这些内部股东有需求的话，可以优先购买，按照常规情况推断，一般来讲内部会放弃购买的权利，因为引进风险投资时，内部没必要搅局。但做企业不能想当然，前期的告知义务一定要尽到，要按规章办事、合理合法。

除了转让之外，更直接的退出机制是股东退股。在什么情况下股东可以提出退股呢？有下列情形之一的，对股东会该项决议投反对票的股东，可以请求公司按照合理的价格收购其股权。

情形一：企业连续五年不向股东们分配利润，而实质上企业该五年连续赢利，并且符合公司法规定的分配利润条件。换句话说，企业年年（连续五年以上）赚钱，但就是不给股东分钱，小股东就有权向人民法院提起诉讼，要求退股，而且公司还必须以合理的价格来回购他的股份。所以企业家千万不要连年赢利却连年不分配，可以在适当的情况下调整一部分分配额度，但不要一点都不分，否则有悖合作的意义。

情形二：企业合并、分立、转让主要财产。比如关联交易，公司把利润都转走了，或者跟别的公司合并了，小股东觉得继续持有股份不再有什么意义了，就可以直接提出退股。

情形三：企业章程规定的营业期限届满或者章程规定的其他解散事由出现，股东会会议通过决议修改章程使公司存续。比如公司章程规定的营业期10年已满，有的股东抱有“小富即安”的心态，或拼杀多年不想再涉险滩，图个清闲想要退隐江湖了，也可以提出退股。

在什么样的情况下，股东即使离开企业，作为注册股东，还依然可以享有股东的所有权利呢？如果他没有做下面的这些事情，他就可以享受股东的权益：第一，不能在竞争对手的企业做兼职。虽然离开企业，但必须保证没有在竞争对手企业中就职。包括为同行的企业做顾问，都是不可以的。第二，没有成立与本企业竞争的企业。第三，没有引诱企业员工离职。第四，没有引诱企业的客户脱离企业。换句话说，没有挖企业的墙脚，在离职后没有发生与企业进行竞争的其他行为。第五，没有违反企业的保密制度、企业章程等。

离开企业之后，你还是企业的股东，深受企业中人尊重，但前提是你不能做上面提到的这些事。否则，企业有权用最低廉的价格将全部股份收回。

因此，如果股东选择了离开，那么在离开之后，还是要做一个真正支持企业成长的叶子。这就好比花儿再漂亮，再好看，它总有枯萎的一天；树长得再茂盛，总有枯枝败叶纷纷落下，这是正常现象。枯枝败叶落下之后，变成了继续滋养树木的泥土，就是离开了，也还能继续为企业提供养分，而不是去损害企业，害人害己。

除此之外，有些时候企业也难免遇到一些奇葩事。笔者就听过，一家公司打算上市了，结果其中一位股东带着女朋友私奔了，不能回来签字。得不到他的签字，公司就不能上市。因此，类似事项也要在章程或者协议里写清楚：假设股东多长时间不出现，那他的股份该如何处理，其股份转让甚至可以是无条件的，由被转让方来行使他的股份权利。另外还要规定有哪几位股东，在多少年之内是不能离开企业的，假设这类股东离开公司，那其拥有的股份要收回，而且要支付利息，或者付出比实际回报多出许多的代价。

一个人成为股东后，不幸去世了，那么他的股份要怎么处理呢？我们可以给出两种处理模式。第一种叫作“子承父业”，第二种叫作“舍生取义”。

“子承父业”，即法定或者遗嘱继承人，可以享受去世股东的股份收益。请注意，这里的“子承父业”加了个引号，实际上现在的财产并不都是“子承父业”，而是优先继承人首先继承逝者财富的一半，而这个优先继承人，很大的可能是逝者的配偶，其次才是子女等其他亲属。比如，一个股东有 1 亿元的股份，他去世后，按照现行法律的规定，其妻首先可拿走 5 000 万元，剩下的才是其他人进行分割。因此，每个股东都要在章程或者协议里写清楚，假设自己哪一天不幸离世，自己的股份要留给哪些人，分配的比例是多少……我们往往忌讳谈论遗产，谈论身后事，但本着对自己负责、对企业负责的态度，股东们还是要思虑周全，千万不要因此留下后遗症。

这绝对不是杞人忧天，很多意外情况都可能出现，所以内部股东之间要有这样一份协议，万一哪一天某个股东不在了，股份怎么分配，这必须很清晰地进行事先约定，以防后患。

股东去世后，也可以“舍生取义”，如“股份回流”“股份捐赠”“股份逐年递减”等。这三种方式都是舍生取义的精神，牺牲小我利益，成就大我价值。如果企业的股东都能做到这些，那么这个企业定能生生不息，永恒持久。这或许就是企业做股权激励的最高境界了。下面解释一下，这几种方式分别代表什么样的操作方法。

方式一，股份回流。

企业可以规定，股东身亡当年，由企业回购该股东100%的股份，以企业净资产每股收益价回购，把钱付给股东的继承人。企业回购回来的股份，可以在未来三到五年之内，用来激励公司的核心高管或者对公司有重大贡献的人。

一个股东离开了，股份回购的钱，给他的相关继承人，但是股份要收回来，给能继续为公司创造价值的人。

很多企业家的孩子并不太喜欢接手上一代人经营的事业，那么把企业的股份留给孩子，孩子不开心，放置不管，这不但对孩子没有好处，也害了企业。不要把股份百分之百留给孩子，如果孩子有经营企业的本事和兴趣，完全可以通过内部股权激励的方式让他获得股份。

方式二，股份捐赠。

企业可以规定，股东生前可以做出决定，不管是谁，只要离开企业，死后要将个人股份的45% ~ 55%捐给国家或者捐给公司，就像交“企业遗产税”一样；剩余部分则可以由他的继承人继承。如果捐给国家可以用作公益福利事业；如果捐给企业，可以用来激励对企业有创造、有贡献的人。这是一种境界，也是一种精神。

方式三，股份逐年递减。

企业可以规定，股份逐年递减。假设该股东拥有企业10%的股份，在企业效力了20年时间，那么他在企业享有的股份就按照20年平均递减，每年减0.5%，用20年的时间减完。假设该股东只在企业工作了10年，那么股份就按照10年平均递减完毕，每一年减少1%。换句话说，股东在公司效力的时间越长，他的股份继承人享受股权收益的时间就越长。

这里，有两件事情需要企业家们格外注意。第一，无论采用哪一种方式，都会在一定程度上丧失股东权益及利益，所有的股东必须接受，包括现在的企业家在内。这不是针对身为股权激励对象的股东，而是所有的股东都要遵守。比如企业规定，包括企业家在内，不管谁离开企业，都要把股份的45% ~ 55%拿出来捐给公司。这个规定并不单单针对那些股权激励对象，而是所有的股东都要统一面对，这对企业家来说是有挑战的。

第二，凡是涉及注册股东激励的方案，都需要经过股东大会2/3的表决通过方为有效。企业家不能一意孤行，认为自己是大股东，就一定要推行某种股权激励模式，这样是不合法的。凡是涉及股东权益，拿股东的钱来分红，都要由股东大会表决通过，但并不一定是100%的同意，2/3以上的表决票通过就可以。如果企业家自己的股份就占到了2/3以上，从法理上，从对他人的尊重上，企业家也应该跟其他股东有一个沟通过程。

第三章

金色塔尖激励：核心团队的激励方案

"共生共荣，同创共享。"

好的激励机制，要做到"着眼未来、利益共享、风险共担"。只有充分发挥核心人才的价值潜能，企业家与高管同心协力，才能共同做大企业的"蛋糕"。

“岗在故我在”——在职分红（虚拟股份）激励方案

“在职分红激励法”就是常说的“身股”激励，也称为“虚拟股份激励法”，是公司激励职业经理人的一种常用方法。所谓在职分红，就是指在职的时候可以分红，不在职了就没有分红。这种股份是没有经过工商局注册的，它只有分红权，没有投票权、决策权、转让权和继承权。

“在职分红”是企业用得最广泛的激励方法。假设企业今年的利润目标设定为 1 378 万元，那么“在职分红激励法”针对的则是 1 378 万元以内的部分怎么分配。

定时间

所谓定时间，即使用“在职分红激励法”做股权激励，应明确什么时间导入、什么时间截止、什么时间进行考核。比如，

开始时间定为 2013 年 1 月 1 日；激励周期定为 1 年，即于 2013 年 12 月 31 日截止；考核时间为 2014 年 1 月 15 日前。

开始时间可以灵活调整，激励周期一般为一年，考核时间一般为激励周期结束后的一个月内。在设定机制的时候，词句的设置有时候也会影响员工的心态，因此我们建议把“考核”二字换为“评估”二字，称为“评估时间”。“评估”听起来较柔和，比“考核”让人感觉更舒服并易接受，因为谁都不希望被别人考核。

定数量

使用“在职分红激励法”进行定数量，可以通过以下步骤实现。

第一步：将公司股本虚拟为一定数量的股份。这个数量可以为 1 000 万股，也可以为 1 亿股或者 100 万股，但我个人建议，最好不要低于 100 万股。因为原理和结果虽然是一样的，但是被激励者的心理感受却完全不一样。比如，公司的注册资金为 100 万元，公司李总裁的股份若要为 5 万元，可以把 100 万元虚拟为 100 股，然后按照约定给予李总裁 5 股在职分红激励；当然，也可以把它虚拟为 100 万股，然后给予李总裁 5 万股的在职分红激励。但实际上，100 股中的 5 股，跟 100 万股中的 5 万股，虽然最终李总裁的股份都是 5 万元，原理也是一模一样的，但是李总裁的心理感受肯定不一样。

第二步，将净资产作价为一股 1 元。由于企业资产的估值涉及无形资产的概念，为了方便讲述在职分红激励法，这里就不涉及无形资产、品牌资产，只算净资产。

假设公司的净资产虚拟为 1 000 万股，这 1 000 万股等于公司的全部股份即 100%，不管这 100% 的股份是价值 1 亿元、10 亿元还是 1 000 万元。然后，增发 100 万股、200 万股或者 300 万股等进行在职分红激励，此处假定增发 200 万股，可以有以下三种方式进行增发。

第一种方式：如果增发的这 200 万股，高管们都能拿到，那么 1 000 万股 ÷ 1 200 万股 × 每股 x 元，得到增发价格。

第二种方式：把公司利润的百分之多少用于激励管理团队。比如今年的利润完成了 1 000 万元，会把 1 000 万元中的 30% 拿出来用于管理团队分红股，一共是 2 个干股，也就是说对于这 300 万元，注册股东是不参与分配的。管理团队分红是按照股数，假设公司一共对管理团队增发 200 万股，现在是 10 个高管分这 200 万股，如果高管的数量增加，就给每个人增加股份，比如多一个人加 30 万股。管理团队的人数越多，分红的股数也越多，但公司分红的总额度是 30%。假设 30% 的股份对应的利润是 1 000 万元，那么 200 万股分每股 5 元钱，跟 500 万股每股 2 元钱，是一样的概念，所以人数的增减对于在职分红没有关系。

第三种方式：虽然利润一共是 1 000 万元，但一般公司并不会把这一年的利润全部分掉，而是留下一些作为公司的发展基金。比如预先设定好，去掉超额利润之后，把全部利润的百分之多少预留为企业发展基金，剩下的用于注册股东和管理团队的分红，注册股东和管理团队同股同权，分红总股数是 1 200 万股。

需要说明一点：在职股是针对职位而设立的股份，只针对职位，可以参与分红，但是没有继承权，也没有投票权，员工一旦离开这个岗位，这个在职股权也就随之丧失了。

定条件

怎样才能拿到股权激励？被激励对象要想获取股份需要具备哪

些条件？这里有一个“六星标准”—— 思想意识、绩效目标、行为表现、道德表率、学习成长、人才培育。建议按照“六星标准”来考核，达到考核标准，才能得到股份。

注意，“六星标准”只是举例说明，不是所有的企业都要使用“六星标准”，“三星标准”或者“九星标准”也可以。笔者个人建议，一般情况下考核指标不要超过五个，关键指标三个也可以——尽量不要低于三个，但也不要超过五个。

思想意识——价值观一致

“思想意识”标准要求员工认同企业文化，信赖企业及团队，有职业使命感，愿意与企业紧密、长期合作，与企业签订劳动合同、保密协议和竞业禁止协议并遵守公司的相关制度，绝对服从公司管理等。

有的人能力很强，但是不认同他所服务的企业。对这样的人可以利用，但是不能重用，即使重用也是阶段性重用，给他在职分红或者超额利润激励都没有问题，但是绝对不能把他变成注册股东，不能把他当成企业真正的合作伙伴。如果把这种人变成注册股东，就相当于给企业埋下了一颗定时炸弹，到了某个时刻，这颗定时炸弹就会爆炸，后患无穷。所以价值观层面必须一致。

谈到对企业文化的认同，信赖企业及团队，有职业使命感，愿遵守公司相关制度，绝对服从公司管理，等等，这些都是非常形而上的，那怎么落地呢？

以华一世纪为例，比如谈到“精进”和“尊重”。企业要求核心高管要不断学习，持续进步，成为业内的专家且不可替代，不管员工的背景多好、身价多高，作为公司的股东，员工必须听过股权激励的课程，要接受公司后来者对你股份的同比稀释。我们的思想是共通的，以后公司的某些决策都不需要解释，可能一条短信就能让员工立刻明白决策意图，从而降低沟通成本。如果做不到这一点，不管你是谁，公司可以培养你，也会非常尊重你，但是不一定接受你成为公司的合作伙伴。比如谈到“感恩”。一个人如果不懂感恩，对父母都不尊重，那么对公司也不会感恩。那么如何来测评一个人是否懂得感恩呢？比如我们公司有一项制度，就是公司每个月会把每个员工收入的10%汇至其父母的账号，并由公司财务部代为打理，你同不同意？如果你说“不同意”，对不起，我们可以做朋友，但是你不可以进入公司。这就是企业文化，要看员工的行为与其是否相匹配，核心价值观必须转化为行为指标，可以解释，可以考核，这才叫核心价值观的落地。

对于“价值观一致”这一条，笔者建议实行“一票否决制”，即“价值观一致”这一条若不满足，则不予考虑给予在职分红激励。但实行“一票否决制”，是否意味着，一个人非常认同企业的价值观，与企业签订的各项协议也非常规范，就可以拿到这些股权激励了呢？不可以。价值观一致是基础，认同企业的文化是前提，只有基础和前提具备了才有可能成为激励对象，但最终若想成为激励对象，还要具备其他的条件。

绩效目标

绩效目标的完成情况也是股权激励需要考虑的重要因素。比如目标是今年企业利润完成 1 378 万元，那么实际完成了 1 378 万元，系数自然是1。假设利润没有完成那么多，只完成了1 378万元的85%以上，那么系数可以为1或者0.9；假设完成了70%～85%，那么系数可以为0.7或者0.8；假设完成了50%～70%，那么系数可以为0.5；假设完成了50%以下，对不起，系数只能是0。这就是绩效目标。

行为表现

行为表现方面，要求核心高管要有自律意识。管理者的入门功夫就是"以身作则"，做到自律。如果企业家不参与管理，而只是个投资者，那么关系不大；如果企业家又兼任公司总裁，那么企业家就是公司文化的象征和化身，就必须懂得自律。一个人如果有自律，他就会对自我充满自信，有了自信，内心就会很强大，就会有自由，有自由就会有自我，有自我就会有自在，简称"自由自在"。如果企业的核心高管都能有这份"自由自在"，那么，企业就不怕不会长治久安、持续发展。

柳传志先生为何会得到那么多人的尊重？不是因为他的企业做得多大多有钱，而是他对自律的态度。柳传志当初创办公司的时候，他以前在国企的老领导也在他的公司做核心高管。他发现老领导们年龄比较大，经常迟到，却不好意思批评他们。后来柳传志规定了一条，说以后谁再迟到就罚站。结果第二天他的老领导就迟到了。要不要执行制度呢？必须执行。于是柳传志开了10分钟会议，老领导站了10分钟，他都不知道自己讲了些什么，衣服也全湿透，因为那个时候他的老领导一句话就能让他的公司关门。但是他觉得必须这么做，不然企业迟早也要关门。到了晚上，柳传志买了大包小包的礼物，来到老领导家里，不是负荆请罪，而是感谢老领导同理心，他说："您知道弟子经营企业不容易，所以您以身作则，以后谁还敢以身试法？这件事情弟子深为感动、敬佩，买一点小礼品不成敬意……"这个老领导本来非常生气，结果发现柳传志很会做人做事，气也就消了。过了一段时间，有一天，柳传志自己因为被关在电梯里而开会迟到，很多高管说这不是他的原因，而是电梯坏了，可柳传志说："迟到就是迟到，这是事实。电梯坏了，这是别人要承担的责任；我迟到了，这是我要承担的责任。"

"人非圣贤，孰能无过？"一次错误都不犯，确实很难做到。所以企业一般可以这样进行约束：总裁迟到一分钟，乐捐人民币 5 000 元。早上想多睡 10 分钟，没关系，为公司乐捐 5 万元人民币就可以了。同理，副总裁迟到一分钟 200 元，部门总经理迟到一分钟 100 元，主管迟到一分钟 50 元，员工迟到一分钟 5 元——不同级别的处罚力度是不一样的。还可以把这些处罚的钱捐给福利院、希望小学，做慈善。但是即使这样也不能永无止境地犯错，怎么办呢？假设一年内违规的次数在 5 次以内，那么每次按公司制度执行，但是一年内累计违规 5 次以上，不管什么类型的违规，都取消当年股权分红的资格，这就叫底线。

但价值观的"一票否决"，是指触碰底线时要"一票否决"，而绩效指标要"上下浮动"。

道德表率——品德

孔子说过："为政以德，譬如北辰，居其所而众星共之。"意思是说，一个真正有智慧的君王，治理国家时应该以德去感化感召人民，而不是靠军队强权去镇压他们，假设能做到这一点，人民就会像天上众星环绕北极星一样拥护、追随他，君主为人民指明了前进的方向，是人民的希望和未来。

企业也要“为企以德”，企业家和高管们要凭自己的人品、领导魅力和专业水平，令员工发自内心地敬佩和尊重。

考核时，真正对品德打分的，不是企业家一个人，也可能是内部客户、服务对象等。假设核心高管的人品支持率低于85%（具体数额根据企业情况来确定）则也要一票否决。

学习成长

一个人一旦认为自己很优秀了，那么他从自认为优秀开始，就已经止步不前了。学习的前提是觉察到了自己不够优秀。世界环境瞬息万变，知识结构变化很快，如果今天不主动学习，5年之后就未必能胜任现在的岗位，未来就变成明日黄花。只有拥有一颗谦卑之心，才会学有所得。因此，必须重视学习成长。

如何在制度方面保障员工的学习成长呢？企业可以规定，学习是成为股东的一个必要条件。比如，对于出去参加培训的员工，公司可以为他支付交通费、住宿费、培训费，但前提是要跟员工签订合同，约定服务期限。如果员工服务期限已满，然后离职了，那么公司支付的这些费用可以当成赠送给员工的礼物，不予追究。但如果员工的服务期限未满，就要离职，那就需要把公司支付的培训费用返还给公司。事实上，很多外企都是这么做的。

对于核心高管，可以这样规定，比如每年出去学习的费用额度，必须占到他个人收入的 5%。如果占到了这 5%，就乘以系数 1，该拿多少钱就拿多少。如果只完成了 4%，系数就为 0.95；如果只占到 3%，系数就是 0.9……这些规定是在提醒核心高管，现在不投资学习，三五年后就会被这个行业所淘汰。因此，要用制度保障员工的学习与成长。

人才培育

人有两种输血功能，一种是外部输血，一种是自己造血。企业的人才获取也有两种方式：一种是内部培养，一种是外部引进。大量的企业案例证明，人才还是内部培养的较好。因为内部培养的人才不仅从骨子里认同公司，而且最了解公司。当然，“空降兵”也可以用，但只是应急机制，就好像一个人突然出车祸，大量失血，需要立刻输血。公司在危急关头引进一两个“空降兵”也未尝不可，但千万不要把希望全部放在人才的外部引进上，更要关注内部人才的培养。

假设张总培养出一个接班人 A，而且为 A 配了两名总监、一名财务、一名客服，到无锡开拓市场，最后在无锡开了一家子公司，由总部控股。为了表示对张总的认可，公司让张总在无锡公司持有 5% ~ 10% 的股份。在这种机制下，张总肯定愿意琢磨哪些人可以成为子公司的接班人。所谓“体制决定统治”，你希望别人为你输送人才，那你就要设定让他们发自内心主动为你输送人才的机制。这点很重要。

考核结果的确定

必须签订协议，白纸黑字写下来，员工要为公司创造什么样的价值，然后才能获得什么样的回报和收获。员工是否完成了各项指标，要一项一项来计算。到了年终，对他要做一个评估，一是看能不能获得今年的股权激励，二是计算能获得多少额度的激励。

假设被激励对象叫张三，职位是总经理，本应激励的额度为 5 股。如果思想意识系数、绩效目标系数、行为表现系数、道德表率系数、学习成长系数、人才培养系数都为 1，那么最后他能拿到的激励额度为 5 股连续乘 6 个 1，结果是 5 股。如果学习成长系数不是 1，而只是 0.8，那么最后他能拿到的激励额度就是 4 股。假设是 100 万元的分红，那么总分红股数为 104 股，则 100 万元 ÷104×4=38 461 元，就是他能拿到的激励额度了。

比如使用 532 原则，1 000 万元分红，1 000 万元分红中当期分红总股本是 108 股，被激励对象是 2.4 股，占分红的总比例为 2.22%，当年每股分红 9.26 万元（1 000 万元 ÷108 股），被激励对象是 2.4 股，所以他的分红总额是 22.22 万元，那么按照 532 原则，他当年拿到 11.11 万元，第二年拿 6.67 万元，第三年拿 4.44 万元。第二年他还是 2.4 股，公司拿出 1 300 万元分红，分红总股数还是 108 股，当年每股分红 12.04 万元，他在第二年的年度分红总额 28.89 万元，乘以 50% 是 14.44 元，加上第一年核算出来他第二年应得的 6.67 元，第二年他一共能拿到 21.11 万元。

定价格

虚股要不要花钱购买？不需要。但是想要花钱购买，怎么个买法？现在是在职分红，而且在职分红是按照 532 原则分三年支付的。被激励对象有没有可能离开公司？一种是自己主动提出要离职的，一种是公司要他离职。如果股权激励没有退出机制就很可怕，好比人只能把食物吃进肚子里却不能排泄，很快就死掉了。一个企业的股东，如果只能进不能出，企业一样也会受不了。

实用工具——股权激励绩效考核表格

（一）集团CEO在职分红考核表

表 3–1　集团CEO在职分红考核表——非上市公司核心高管适用

序号	考核项目	考核标准	考核结果
1	被考核对象		
2	担任职位		
3	级别工龄	入职满一年以上	
4	应激励额度	董事会根据岗位价值评估与可分配股份资源及其岗位系数及工龄系数确定	
5	考核日期		
6	价值观	考核标准： A.要求价值观与公司保持一致 B.一票否决制	
7	公司指标	考核内容： 公司指标： A.财务指标权重 50% B.客户指标权重 20% C.运营指标权重 10% D.员工指标权重 20% 评分标准： 1.公司指标完成率≥ 85%，系数为 1 2.70%≤公司指标完成率＜ 85%，系数为 0.7 3.公司指标完成率＜ 70%，系数为 0	

（续表）

序号	考核项目	考核标准	考核结果
8	自律项	评分标准： 1.违纪次数不超过规定次数 2.一票否决制	
9	品德项	评分标准： 1.全员支持率不低于 85% 2.一票否决制	
10	成长项	评分标准： 学习投资等于或高于年收入的 5%，系数为 1； 学习投资每低 1%，成长项系数降低 0.05，成长项系数最低为 0.80	
11	激励额度考核结果	实际激励额度= 应激励额度 × 价值观系数 × 公司指标系数 × 自律项系数 × 品德项系数 × 成长项系数	

备注：此表格仅供参考，各企业可以根据自己的需求增加或删减考核项目。

（二）集团部门负责人在职分红考核表

表 3–2 集团部门负责人在职分红考核表——非上市公司部门主管适用

序号	考核项目	考核标准	考核结果
1	被考核对象		
2	担任职位		
3	级别工龄	入职满一年以上	
4	应激励额度	董事会根据岗位价值评估与可分配股份资源及其岗位系数及工龄系数确定	

（续表）

序号	考核项目	考核标准	考核结果
5	考核日期		
6	价值观	考核标准： A. 要求价值观与公司保持一致 B. 一票否决制	
7	公司指标	考核内容： 公司指标： A. 财务指标权重 50% B. 客户指标权重 20% C. 运营指标权重 10% D. 员工指标权重 20% 评分标准： 1. 公司指标完成率≥ 85%，系数为 1 2. 70%≤公司指标完成率＜ 85%，系数为 0.7 3. 公司指标完成率＜ 70%，系数为 0	
8	部门指标	评分标准： 1. 部门指标完成率≥ 85%，系数为 1 2. 70%≤部门指标完成率＜ 85%，系数为 0.7 3. 部门指标完成率＜ 70%，系数为 0	
9	自律项	评分标准： 1. 违纪次数不超过规定次数 2. 一票否决制	
10	品德项	评分标准： 1. 全员支持率不低于 85% 2. 一票否决制	

（续表）

序号	考核项目	考核标准	考核结果
11	成长项	评分标准： 学习投资等于或高于年收入的5%，系数为1；学习投资每低1%，成长项系数降低0.05，成长项系数最低为0.80	
12	客户满意	评分标准： 1. 被投诉（成立）不能超过3次 2. 一票否决制	
13	激励额度考核结果	实际激励额度= 应激励额度×价值观系数×公司指标系数×部门指标系数×自律项系数×客户满意系数×品德项系数×成长项系数	

备注：此表格仅供参考，各企业可以根据自己的需求增加或删减考核项目。

（三）分/子公司负责人在职股转注册股及增持考核表

表3–3 分/子公司负责人在职股转注册股及增持考核表
——非上市公司分/子公司核心高管适用

序号	考核项目	考核标准	考核结果
1	被考核对象		
2	担任职位		
3	级别工龄	入职满一年以上	
4	应激励额度	董事会根据岗位价值评估与可分配股份资源及其岗位系数及工龄系数确定	

（续表）

序号	考核项目	考核标准	考核结果
5	考核日期		
6	价值观	考核标准： A. 要求价值观与公司保持一致 B. 一票否决制	
7	公司指标	公司指标： A. 财务指标权重 50% B. 客户指标权重 20% C. 运营指标权重 10% D. 员工指标权重 20% 评分标准： 1. 公司指标完成率≥ 85%，系数为 1 2.70%≤公司指标完成率＜ 85%，系数为 0.7 3. 公司指标完成率＜ 70%，系数为 0	
8	自律项	评分标准： 1. 违纪次数不超过规定次数 2. 一票否决制	
9	品德项	评分标准： 1. 全员支持率不低于 85% 2. 一票否决制	
10	成长项	评分标准： 学习投资等于或高于年收入的 5%，系数为 1； 学习投资每低 1%，成长项系数降低 0.05，成长项系数最低为 0.80	

（续表）

序号	考核项目	考核标准	考核结果
12	育人项	1+2	
13	阶段考核结果	实际激励额度= 应激励额度 × 价值观系数 × 公司指标系数 × 自律项系数 × 品德项系数 × 成长项系数 × 育人项系数	
最终考核结果			

备注：此表格仅供参考，各企业可以根据自己的需求增加或删减考核项目。

案 例

北京晶艺炫甲美容有限公司，成立于 2002 年，主营业务包括美甲技术服务、美甲业技术培训、美甲店加盟连锁、美甲用品及产品销售。公司正处于扩张期，员工数量 100 人左右，公司产值 2 000 万元。在发展过程中，公司遇到了一些问题：如核心管理层流动性大，团队建设很难开展；培养好的店长带领团队自立门户，导致客户和技术人才大量流失，公司业绩难以提升；员工的向心力不足，工作目标不明确。

后来，公司制订了股权激励方案，有效地解决了上述问题。针对各分店店长、副店长和运营经理，公司制订了在职分红股权激励和超额分红股权激励方案，形成了完整的战略规划和分配机制，大大提高了员工的主人翁意识和工作的积极性，有效降低了经营成本，提升业绩达到50%以上。原本准备离职自己创业的店长并未离职，反而和企业达成了一起发展的意愿。

1. 在职股分红激励方案

公司总股本为5 000万股，股权提取比例为30%。

在职分红股的来源：股东股份同比例稀释。

公司利润的70%留存企业发展，30%用于在职股分红。

（1）激励对象及激励额度

公司级部门经理以上关键岗位，其基本条件为：入职半年以上，通过试用期考核。

业务团队：事业部总经理及部门经理。

表1　在职分红股激励对象及分配额度

序号	激励对象	人数	激励额度（万股）
1	运营部总经理	2	100
2	分店店长	2	80
3	分店副店长	3	70
4	公司总经理	3	80

（2）在职股激励对象的考核

在职股赠予条件由公司级绩效指标是否达标和个人指标是否达标确定。

公司级绩效指标：公司销售额x万以上，利润在y万以上。

个人绩效指标：考核成绩B等（含）以上，或绩效考核分数在70分以上。

在职分红股实际赠予额度由在职分红股考核结果确定。

表2　在职分红股考核指标及评分标准

考核指标	评分标准
价值观	一票否决制，按照公司的价值观进行考核。
公司指标	上下浮动制：公司指标完成率≥85%，系数为1； 70%≤公司指标完成率<85%，系数为0.7； 公司指标完成率<70%，系数为0
部门指标	上下浮动制：部门指标完成率≥85%，系数为1； 70%≤部门指标完成率<85%，系数为0.7； 部门指标完成率<70%，系数为0
自律项	一票否决制，违纪次数不超过规定次数
内部客户满意项	一票否决制，被投诉（成立）不能超过3次
品德项	一票否决制，员工支持率不得低于85%
成长项	上下浮动制，成长项系数最低为0.80。 学习投资等于或高于收入的5%，系数为1； 学习投资每降低1%，成长项系数降低0.05

在职分红股赠予额度=计划赠予的职务在职分红股额度×职务考核系数

（3）在职分红股分红的计算

在职分红股分红＝考核当年的在职分红股总分红 ×（在职分红股实际赠予额度／在职分红股总额度）

（4）退出机制

因主动辞职、辞退、退休、病故、因公殉职，在职分红股自动丧失；触发否决条件，事件发生时立即取消在职分红股。

否决条件：有下列行为者不能成为激励对象或应取消权益：

•严重违反公司价值观和规章制度；

•受贿、索贿，侵占、盗窃公司财物；

•泄露公司经营和技术机密；

•违反竞业禁止规定；

•严重损害公司利益和声誉的其他行为；

•《中华人民共和国公司法》第 147 条规定的任一情形。

2. 超额利润分红激励方案

（1）超额利润分红激励对象及激励额度（共 8 人）

表 3　总部超额利润分红激励对象及激励额度

职务	激励额度（万股）	人数
总经理	100	3
副总经理	80	2
各部门总监	50	3
合计	230	8

表 4 运营部超额利润分红激励对象及激励额度

职务	激励额度（万股）	人数
运营部高级总经理	100	1

（2）超额分红机制

表 5 超额分红机制

实际完成比例	81%	100%	120%	150%	200%
公司超额提取比例	1%	3.0%	5.5%	6.0%	8.0%
教育部超额提取比例	10%	15%	20%	25%	30%
运营部超额提取比例	15%	20%	25%	30%	35%

（3）超额分红额的计算

各职务的超额分红额=公司超额利润部门超额提取比例×（职务分配股份额度／部门分配股份总额度）

3.股权激励实施效果预评估

公司股权激励方案在 2012 年试运用。

1.公司 2012 年目标设定及相关数据说明

表 6 公司 2012 年目标设定及相关数据说明

销售额	万元
利润目标	万元

（续表）

股权提取比例	30%
公司股权总数	5 000 万股
公司税率	15%

2. 公司销售额及利润预测

表 7　2012—2015 年销售收入预测（单位：万元）

区域一	2012 年	2013 年	2014 年	2015 年
A 分店	5 000	6 550	8 581	11 240
B 分店	3 000	3 930	5 148	6 744
C 分店	2 000	2 620	3 432	4 496

表 8　2012—2015 年利润预测（单位：万元）

区域二	2012 年	2013 年	2014 年	2015 年
A 分店	765	1 002	1 313	1 720
B 分店	306	401	525	688
C 分店	255	334	438	573

3. 激励对象 2012 年在职股分红试算

表 9　激励对象 2012 年在职分红试算表（单位：万元）

职务	实际完成比例	81%	100%	120%	150%	200%
	实际完成利润	1 074	1 326	1 591	1 989	2 652

（续表）

	在职股股权分红总额	58	69	78	91	108
	人数（单位：人）	—	—	—	—	—
总部总经理	2	5.16	6.10	6.91	8.01	9.59
总部副经理	2	4.13	4.88	5.53	6.41	7.68
区域运营经理	3	3.61	4.27	4.84	5.61	6.72
分店店长	3	4.13	4.88	5.53	6.41	7.68
分店副店长	2	3.61	4.27	4.84	5.61	6.72

4. 激励对象 2012 年超额分红试算

（1）公司总部

表 10　公司总部激励对象 2012 年超额分红试算表

（单位：万元）

职务	**完成比例**	81%	100%	120%	150%	200%
	实际完成利润	1 074	1 326	1 591	1 989	2 652
	超额分红提成	1.46	11.93	33.15	63.65	137.90
管理	**人数**（单位：人）	—	—	—	—	—
总部总经理	3	0.27	2.25	6.24	11.98	25.96

（续表）

总部副总经理	2	0.24	1.97	5.46	10.48	22.71
区域运营经理	3	0.05	0.42	1.17	2.25	4.87

（2）A区域一

表 11　A区域一激励对象 2012 年超额分红试算表

（单位：万元）

职务	**完成比例**	81%	100%	120%	150%	200%
	实际完成利润	620	765	918	1 148	1 530
	A事业部超额分红	8.42	34.43	76.50	153.00	298.35
管理	**人数**（单位：人）	—	—	—	—	—
运营一区经理	1	3.43	14.05	31.22	62.45	121.78
分店店长	1	2.40	9.84	21.86	43.71	85.24
分店副店长	1	0.69	2.81	6.24	12.49	24.36

（3）B区域二

表12 B事业部激励对象2012年超额分红试算表

（单位：万元）

职务	完成比例	81%	100%	120%	150%	200%
	实际完成利润	58	69	78	91	108
	B事业部超额分红	5.05	18.36	38.25	73.44	139.23
管理	人数（单位:人）	—	—	—	—	—
运营二区经理	1	3.88	14.12	29.42	56.49	107.10
分店店长	1	3.11	11.30	23.54	45.19	85.68
分店副店长	1	0.78	2.82	5.88	11.30	21.42

（4）C事业部

表13 C事业部激励对象2012年超额分红试算表

（单位：万元）

职务	完成比例	81%	100%	120%	150%	200%
	实际完成利润	207	255	306	383	510
	C事业部超额分红	4.21	15.30	31.88	61.20	116.03
管理	人数（单位:人）	—	—	—	—	—

（续表）

事业部中级总经理	1	2.10	7.65	15.94	30.60	58.04
事业部初级总经理	1	1.68	6.12	12.75	24.48	46.41
初级营销经理	2	0.21	0.77	1.59	3.06	5.80
中级生产经理	1	0.42	1.53	3.19	6.12	11.60

“不要小看我”——超额利润激励方案

超额利润激励法，适合于什么样的企业呢？

有一个企业家曾经对笔者说，他非常乐意将企业的股份拿一些出来，与他的核心高管进行分享，但是他的核心高管对股份分配并不太感兴趣。也就是说，企业家想给高管股份，高管还不愿意要。在笔者看来，他的核心高管表面上是对股份分配不感兴趣，实际上是看不到公司的希望，是对这个企业家不太感兴趣。

其实，这个企业家比较开明，但是他犯了一个在我们看来很严重的错误——这么多年来，他是一个独行侠，到处学习，到处寻师论道，有理念，有高度，也很有境界；但是他的团队成长很慢，跟他脱节很严重，他感觉跟核心管理层之间境界悬殊，他曲高和寡，管理层难以与之产生共鸣，彼此间的差距也越来越大。

这个企业家学习了股权激励课程后，就想跟他的团队沟通，给他们一些股份。但是他的团队对股份分配根本不感兴趣，反而说："老板，假设你真想给我们分点东西，那就多给我们发点红包，多给我们点现金，我们就感谢你了。"说实话，每次仅靠现金激励确实不太现实。

所以这个企业家就很郁闷："我胸怀宽广，一片好心，想跟你们分享企业成长的果实，你们居然还不想要！"当时笔者是这样劝慰他的："你不必去强求别人的观点与你一致。这么多年来，你跟团队之间走得比较远，一下子想磨合好不容易。我建议你用两到三年的时间来磨合。怎么磨合呢？三个步骤：第一步，采取超额利润激励法，目的是满足这些高管喜欢现金的需求。你不能怪他们目光短浅，他们非常现实，用超额利润激励法让他们看到企业和市场的潜力，看到你的这种境界和心胸，这是第一步。第二步，重新梳理你的企业文化，重新提炼使命，重新规划未来，重新设计三层业务链，同时导入在职分红激励法。第三步，导入135渐进式激励法。这三步完成了，你的问题就解决了。"

"超额利润"是什么意思？比如目标利润是1 000万元，那么这1 000万元利润之内的激励，是"在职分红激励法"；1 000万利润之外的，是"超额利润激励法"。什么叫作超额利润激励法呢？比如说我们今年利润指标为1 000万，这1 000万是一个额度，这是我们的保底目标，当完成保底目标之外的超额部分，如这个区间是1 200万，那么多出的200万即为超额利润。利润范围之内，该拿的工资该拿的绩效奖金，该怎么拿还是怎么拿，超出利润之外的又切出一大部分让大家分享，这就充分表达了企业家愿意与团队分享的境界与胸怀。

使用超额利润激励法，不但对公司没有任何伤害，而且能很快调动高管们的积极性。任何一个阶段，激励不同的对象，都有其激励的目的，这里的激励目的就是提升业绩。当然可以再加上一些约束性条款，规范管理者的短期行为。“在职分红激励法”和“超额利润激励法”，都属于虚拟股权激励法，还不是实股，后面会谈到如何把虚拟股份转化为注册股份。

设定利润目标

当企业家认同这种观念，职业经理人又完全喜欢这种方式时，就可以开始设定目标了。为什么要先设定目标？激励。不管是股权激励，还是薪酬绩效激励，一定要以目标为导向，一定是以未来的价值创造为前提；对过去的贡献论功行赏，则是奖励，是以过去的贡献为前提。激励和奖励是完全不同的两个概念，这个一定要明白。

那么如何设定目标呢？假设企业 2008 年成立，2013 年的目标利润是 1 000 万元，而且 2013 年完成这个目标的同时，还略有超额，于是决定从 2014 年开始进行 3 年的超额激励。那么 2014 年的目标该怎么设定呢？很简单，就是在 2013 年的目标利润基础上进行测算，具体公式为 1 000 万元 ×（1+6%）×（1+30%）= 1 378 万元。这个 1 378 万元就是 2014 年的利润目标。其中，6% 是无风险利率，30% 是企业发展的增长比例。

什么是无风险利率呢？它是指企业将资金投资于某一项没有任何风险的投资对象而能得到的利息率，一般即指通货膨胀率，将其设置在 6% ~ 8% 是比较恰当的。

什么是企业发展的增长比例？这个不是企业家自己认定的，而是企业家和高管经过沟通达成的共识，企业家觉得这个增长比例是能接受的，高管认为这个比例是完全有信心完成的。前文提到，企业的增长比例是 30%，千万不要小看这个增长率 30%，“股神”巴菲特的企业资产就是以每年接近 30% 的速度增长，而且持续增长了 28 年。

那么 2015 年的目标怎么设定呢？就是在 2014 年的基础上，用 1 378 万元 ×（1+6%）×（1+30%），得出 1 898.88 万元。2016 年同理计算得出目标利润为 2 616.66 万元。当然，实际操作中，并非一定要把增长率定为 30%，如果企业家和高管双方都能接受，定为 20%、90%，甚至 200% 都是有可能的。

设定超额起提点和超额比例

一、以利润为计算标的

超额比例，是超额部分与目标利润的比例；超额起提点，是针对超额部分设置的用于进行超额利润激励的比例。例如，如果达成目标利润为 100%，则目标利润为 1 378 万元，而实际上完成了 1 478 万元,超额部分为 100 万元，则超额比例为 100/1 378（小于 10%），那么建议超额起提点为 30% ~ 50%。根据“阶梯状边际效应递增法则”，为企业创造的价值越高，得到的回报比例就越大，一般建议的超额起提点和超额比例如下所示。

表 3–4　超额起提点和超额比例

目标利润	实际利润	超额利润	超额比例	建议超额起提点
1 378	1 878	500	36%（小于 50%）	大于等于 40%
1 378	2 178	800	58%（大于 50%）	大于等于 50%
1 378	2 578	1 200	87%（大于 80%）	大于等于 60%

这样设定比例的前提是，企业以利润作为计算标的。若企业用销售额作为计算标的，就不能采用这种比例。如果用销售额计算，怎么确定比例呢？第一，比例相对比较低。比如今年的销售额是 10 亿元，10 亿元是保底销售额，那么超额的部分可以拿出 1% ~ 5% 给职业经理人做激励，这个比例会比较低。第二，前提是做好财务的预算和过程的管控。财务预算要做出来，对成本支出要做好管控，不然就会发现，销售额上去了，但成本大幅增加，这个时候公司可能没有任何利润。总之，以利润为计算标的进行激励，是最标准也是最科学的。

二、设定目标的稳定性要求

假若设定今年的利润目标为 1 378 万元，明年的为 1 898.88 万元，但有可能今年就完成了 1 898.88 万元的利润目标。那么明年的目标该怎么办，要不要调整呢？不能。一般来说，目标设定必须合理，一方面要高于行业平均增长率，另一方面要符合企业的战略规划需求，而且遵循高要求原则。目标一旦设定，除非被外在的重大因素影响，否则是不能变动的。若随时变动目标，则设定的目标就没有任何意义和价值，而且会严重挫伤员工的积极性。保证目标设定的稳定性是对职业经理人的负责和保障。

还有一种可能是，比如设定三年的利润目标，去年是1 378万元，今年是1 898.88万元，明年是2 616.66万元。假设去年的1 378万元已经完成了，今年的目标是1 898.88万元，明年的目标是2 616.66万元，怎么办呢？自动生成第三年目标，还是按照无风险利率和公司的发展速度，如果事先没有特别的沟通，依然是无风险利率6%、企业发展速度30%，自动生成第三年的目标，比如说3 605.76万元。这就是为了让职业经理人看到的目标永远是三年。当然，企业也可以选择只做一年或者两年尝试一下。这个方法没有太大的风险，而对职业经理人的激励价值和意义比较大。

对于超额利润激励法，如果完成的利润低于目标利润100%以下，比如目标利润是1 378万元，却只完成了1 178万元，由于目标没有达成，本应该没有超额利润的分红。但是1 178万元跟去年的1 000万元相比还是有超额，而且大家工作努力，实现目标的意愿非常强烈，对公司非常认同，公司又没有换人的打算，此时，公司需要继续执行三年的超额利润分红。既然利润目标没有达成，那么超额利润分配今年是没有的。但是计划定的是三年，假设第二年的目标是1 898万元，结果完成了2 898万元，即第一年没能达成目标，但是第二年超额完成了许多，这种情况应该怎么办呢？很简单，第二年超额完成了1 000万元，第一年欠缺200万元，所以用第二年超出的1 000万元减去第一年欠缺的200万元，剩下800万元，这800万元除以1 898万元，比例为42%，按小于50%的超额比例分红即可。这是对企业的负责和保障。

所以做股权激励，并不是站在企业家的角度要求核心高管要怎么样，也不是站在核心高管的角度要求企业家要怎么样，而是站在企业的角度如何更好地公平分配。为什么要加上这条制度？因为有的职业经理人很聪明，而且影响力比较大，他们会有这样的想法："我发现老板比较仁厚，我们的利润只要比去年稍有增加，企业家就能够接受。我们有一点机会，暂时还不要让它报出来；有一些资源，暂时不要动；有一些能完成的业绩，我们把它放到明年……因为我们完成的超额部分越高，公司给我们的提成比例越大。"其实他们这么想只是为了多赚点钱，想法可以理解，但是错在市场不会像他们想象的那样静止不动，有些机会稍纵即逝，明年再想找补回来就不容易了，最后成了双输——他们没有拿到那么多钱，企业也失去了很好的发展机会。

三、分红递延支付法

上述方法激励的奖金来源于公司的超额利润，能够很好地激励职业经理人提升业绩，而且操作简单，一般来说股东们是非常愿意接受的，无论什么行业，在非上市公司的几乎各个阶段都是适用的。但当公司出现利润降低额度较大、公司流动性资金出现短缺的问题时，比如账面上算起来公司是赢利的，但公司急于拿这笔钱去买一块地，所以没有多少钱进行超额利润分配，遇到这种情况应该怎么办呢？解决方法是分红递延支付法。

深圳的赛格集团，企业规模很大，资产是以千亿元计算的。我和这家企业的人力资源副总裁在 10 年前就有过交流。他们的企业发放奖金时，采用的是"532 原则"。比如在 2011 年，某核心高管当年应该分到 100 万元的奖金，但是并不一次性支付，而是先分给他 50 万元，剩下的 50 万元则分次支付；假如 2012 年他还在公司没有离职，那么不管公司2012年有没有利润分配，他都能拿到30万元奖金；假如2013年他还在公司没有离职，那么不管公司2013年有没有利润分配，他都能拿到20万元奖金。如果公司2012年根据考核又可以分配给他100万元，这100万元也是从2012年开始按照50万元、30万元、20万元的额度分三次支付。但是中间无论什么时候、什么原因，他只要离开公司，剩余的分红就视为自动放弃。

这就是薪酬的递延支付，用于在职分红、超额利润激励的分红。但是股东分红就不应该这样了，工资发放更不能这样，它要有核定的用途。薪酬激励讲究的是“共赢”，既能大大调动职业经理人的积极性，也能约束管理者的短期行为。

这就是“532原则”下的递延支付。当然，也可以对比例进行调整，比如“631原则”支付也可以。但是有一点，如果是分红是20万元、200万元这样的额度，可以这样递延支付；但如果分红只是2万元这样的额度，那就没必要递延支付了。

案 例

浙江某服装有限公司始建于1996年4月，从家庭小作坊开始，历经13年的努力，现已发展为裘皮服装、皮革服装、箱包、手套的研发设计、生产和贸易一体化，市场竞争实力雄厚的现代化皮革服装企业。在公司创业发展过程中，也曾经遇到过各种困难和问题，如奖罚不明确、员工吃大锅饭严重、没有一个很好的留人机制、高管没有长期的职业规划，等等。

2012 年公司制定了一系列股权激励措施。具体包括：（1）实行在职分红股权激励措施，明确每位高管可享受的在职股份，规定了获取股份所需的条件，让高管真正成为企业的主人。（2）把中层干部的收入跟公司业绩目标紧密捆绑在一起，极大调动了管理层的积极性。（3）通过导入关键业绩指标，明确了各部门的季度/月/周目标，不断检视、跟踪指标完成情况，促进年度目标的完成。

2013 年，该公司实行了超额利润分红股权激励方案，对营销中心（ODM[①] 业务）、品牌中心（刚刚起步的自主品牌OBM业务）两个业务中心采取了事业部核算的方式，制定年度销售目标、利润目标，并按净利润进行超额累计分红。具体的股权激励方案如下：

1. 激励对象及激励额度

全公司各高管超额利润分红激励对象及激励额度（共 23 人）。2013 年先在营销中心和品牌中心这两个业务中心试行。

表 1　超额利润分红激励对象及激励额度

部门	职务	股份额度（万股）	人数（单位：人）
总经办	总经理	18.6	1

①ODM即一家厂商根据另一家厂商的规格和要求设计和生产产品；OBM即代工厂经营自有品牌。——编者注

（续表）

部门	职务	股份额度（万股）	人数（单位：人）
总经办	总经理助理	10	1
总经办	总经理助理	8.1	1
总经办	总经理助理	8.1	1
市场贸易部	业务经理	13.7	1
深圳分公司	总经理	16.1	1
采购部	采购经理	12.3	1
行政部	行政经理	8	1
人力资源部	人力资源总监	15	1
人力资源部	人力资源经理	10.9	1
设计部	设计总监	14.9	1
技术部	技术经理	11.8	1
生产运营	运营总监	15.9	1
生产运营	生产经理	11.3	1
生产运营	品管经理	8.9	1
生产运营	物流经理	10.7	1
品牌运营	运营总监	18.4	1
品牌运营	拓展总监	15.4	1
信息部	信息部经理	13.9	1
财务部	财务总监	15.7	1

（续表）

部门	职务	股份额度（万股）	人数（单位：人）
财务部	财务经理	11.2	1
成都旗舰店	店长	15	1
品牌运营	商品经理	16.1	1
合计		300	23

2. 超额分红机制

确定了营销中心、品牌中心的超额净利润分红比例。即：

完成净利润目标的80%～100%的净利润按10%提成；

完成净利润目标的100%～120%的净利润按15%提成；

完成净利润目标的120%～150%的净利润按20%提成；

完成净利润目标的150%～200%的净利润按30%提成；

完成净利润目标的200%以上的净利润按40%提成。

表2　超额分红提成比例

实际完成比例	81%	100%	120%	150%	200%
净利润提成比例	10%	15%	20%	30%	40%

3. 超额分红额的计算

各职务的超额分红额=各中心的超额净利润（超额累计净利润额）× 对应的超额累计提取比例的合计提成额。

4. 股权激励实施效果预评估

公司股权激励方案在 2013 年试运用，实施效果预评估如下所示。

表 3　公司 2013 年目标设定及相关数据说明

销售额	13 500 万元
利润目标	851 万元
股权提取比例	9.09%
公司股权总数	3 300 万股
公司税率	25%

5. 公司销售额及利润预测

表 4　2012—2015 年销售收入预测　（单位：万元）

事业部	2012 年	2013 年	2014 年	2015 年
营销中心	8 785	11 500	15 000	20 000
品牌中心	——	2 500	20 000	40 000

表 5　2012—2015 年利润预测　（单位：万元）

事业部	2012 年	2013 年	2014 年	2015 年
营销中心	400	800	1 350	2 000
品牌中心	——	150	2 000	4 600

6. 激励对象 2013 年超额分红试算

表 6　公司各中心实际净利润完成及超额分红金额

（单位：万元）

2013 年净利润	2013 年计划	2013 年实际	2013 年完成（%）	2013 年超额分红
营销中心	463	587	126.78%	117.4
品牌中心	100	107	107%	16.05

“携手一起走”——135 渐进式激励方案

所谓“135 渐进式激励法”，“1”代表 1 年在职考核，“3”代表连续考核 3 年（包括前面的 1），“5”代表 5 年锁定。所以整个期限是 8 年，而不是 9 年。之所以前面有个 1，是为了表述这种逻辑关系。这是国际上通用的股权激励的标准周期。一个职业经理人，变成一名企业真正的合法股东、注册股东，通常需要 8 年的时间。

“1”年在职分红

笔者不主张给在企业才待了一年的核心高管注册股份。什么时候才可以给呢？一般需要具备这样几个条件：跟着企业好多年了，彼此非常了解，人品绝对没有任何问题。在这种情况下，企业可以按照岗位价值评估方法，先预设一个额度，通过一年的评估期，他最后能拿到多少，就把那个股份转化为比例，然后到工商局注册。

“3”年滚动考核

注册股是一个公司最珍贵、最稀缺的资源，所以必须要给到真正有能力且愿意跟随企业长期发展的高管，所以我们一般建议设置一个3年的在职考核期限，通过3年的在职考核的结果来综合评定该激励对象的表现，并根据考核结果来核算给到该激励对象的注册股比例。

如果公司要进行股权激励，可以提前设定三年的目标增幅，不要年年更改，年年谈判，当然即使是设定3年的目标，中间如果有重大的不可抗的外来因素，目标也可以略做修订。

3年之后，被激励对象的股份需要注册了，如何确定他注册的比例呢？假设公司总共有100万股，第一年他拿到了激励股数，设定为10万股。第二年激励他的股数为8万股，也拿到了。第三年激励他的股数为7万股，也拿到了。这样3年下来，他个人累计所获取的激励股数总额为25万股，用这个25万股除以3，得出一个平均值，约为8.3万股。这个时候，公司总股数为125万股，8.3万股刚好占公司约6.6%的比例，这个6.6%，就是到工商局去给被激励对象注册的股份比例。

“5”年锁定

进入5年锁定期后，老板需要考虑以下几个问题。

第一，预付定金的额度及性质如何？激励对象购买股份的定金额度，一般占到全款5% ~ 10%，而定金不可退还。

第二，在什么情况下，公司可以终止对核心高管的激励呢？这里列举九种情形供参考。也就是说，只要符合以下九种情形的任意一种，均可终止对他的股权激励。

• 因不能胜任工作岗位，违背职业道德、失职、渎职、严重损害公司利益或声誉而导致的被降级、降职等行为。

• 有泄露公司机密、与外部人员勾结、进行不正当交易的行为。

• 私自开设与公司相同或相近业务的公司。

• 自行离职或因个人原因被公司辞退。

• 伤残、丧失行为能力、死亡等。

• 违反公司的管理规章制度、违反公司保密制度等行为。

• 违反国家相关法律法规，有被刑事处罚的行为。

• 锁定期内公司发生重大变化的，如公司重组、兼并、转让、被收购等情形。

• 公司重组或被兼并后，掌门人易人，有新的激励机制来代替的。

第三，已付全款购买公司股份的激励对象，如果中途退出如何处理？

（1）如果是锁定5年，在锁定期之日起不足3年就离开了，这里分为三种情况来处理。

情况一：他离开的时候，公司处于赢利状态。这时公司可以原价回购他的股份，退还本金。

情况二：他离开的时候，公司处于亏损状态。这时他要按照股份比例弥补公司亏损后才能离开，但他弥补资金的上限为出资额。比如说他当初花50万元购买了10%股份，现在公司亏损了1 000万元，那么他最大的资金弥补上限为50万元，而不需要按照股份比例同比计算弥补100万元。

情况三：公司提前上市了。比如说，在锁定期的第二年，公司有风投进来要准备上市了。这个时候，为了加快公司上市步伐，锁定的股份就要提前解锁并加快给他注册。

（2）如果是锁定期 5 年，在超过 3 年但不到 5 年才离开，这里分为四种情况来处理：

情况一：假设公司有风投进入，这时公司一般以溢价的方式回购他的股份。

情况二：公司是赢利的，但是没有风投进入，那么就按原价回购股份。

情况三：公司是亏损的，同样没有风投进入，那就按比例弥补亏损。

情况四：公司不到 5 年就上市了，那就提前解锁并加快注册。

（3）如果是锁定期 5 年，在 5 年的锁定期到期之后离开，这里分为两种情况来处理：

情况一：直接为他办理注册，到工商局去注册股份即可。

情况二：5 年期到了，他因为自身原因不愿意注册了，这时公司可以用净资产每股收益价回购，或者双方协商一个合理的价格由公司进行回购。

对股份进行注册的时候，必须考虑一点，那就是股份需要花钱购买。对此前文已经谈到过，股份作价一般有三种方法，即现值有利法、现值等利法、现值不利法。如果是现值有利法，建议采取“买一送一”的方式，如果股份值 50 万元，被激励对象只需花 25 万元购买即可，但是这 25 万元必须是他自己掏钱的，公司没有任何的支持。如果是现值等利法，可以考虑让他拿出一部分资金，剩余部分由公司做担保到银行贷款，贷款金额以不超过总资金的 40% 为宜。如果是现值不利法，假设让他拿 100 万元购买，可以先让他付 50 万元，剩余的钱可以采取银行贷款或者大股东为他垫资等方法。这个剩余的钱怎么还呢？建议采取“分红回偿之逐步递返法”。

实用工具——135 渐进式激励工具

(一)集团公司CEO135 渐进式在职股考核表

表 3–5　集团公司 CEO135 渐进式在职股考核表

<table>
<tr><th>序号</th><th>考核项目</th><th colspan="3">考核标准</th><th>第一年在职股考核</th><th>第二年在职股考核</th><th>第三年在职股考核</th></tr>
<tr><td>1</td><td>被考核对象</td><td colspan="3"></td><td></td><td></td><td></td></tr>
<tr><td>2</td><td>担任职位</td><td colspan="3"></td><td></td><td></td><td></td></tr>
<tr><td>3</td><td>级别工龄</td><td colspan="3">入职满一年以上</td><td></td><td></td><td></td></tr>
<tr><td>4</td><td>应激励额度</td><td colspan="3">董事会根据岗位价值评估与可分配股份资源及其岗位系数及工龄系数确定</td><td></td><td></td><td></td></tr>
<tr><td>5</td><td>考核日期</td><td colspan="3"></td><td></td><td></td><td></td></tr>
<tr><td>6</td><td>价值观</td><td colspan="3">考核标准：
A.要求价值观与公司保持一致；
B.一票否决制</td><td></td><td></td><td></td></tr>
<tr><td rowspan="4">7</td><td rowspan="4">公司指标</td><td>利润增长率</td><td colspan="2"></td><td></td><td></td><td></td></tr>
<tr><td>无风险利率</td><td colspan="2"></td><td></td><td></td><td></td></tr>
<tr><td>第一年考核目标</td><td>第二年考核目标</td><td>第三年考核目标</td><td></td><td></td><td></td></tr>
<tr><td></td><td></td><td></td><td></td><td></td><td></td></tr>
</table>

（续表）

序号	考核项目	考核标准	第一年在职股考核	第二年在职股考核	第三年在职股考核
		评分标准： 1.公司指标完成率≥85%，系数为1； 2.70%≤公司指标完成率＜85%，系数为0.7； 3.公司指标完成率＜70%，系数为0			
8	自律项	评分标准： 1.违纪次数不超过规定次数； 2.一票否决制			
9	品德项	评分标准： 1.全员支持率不低于85%； 2.一票否决制			
10	成长项	评分标准： 学习投资等于或高于年收入的5%，系数为1； 学习投资每低1%，成长项系数降低0.05，成长项系数最低为0.80			
11	每年考核结果	实际激励额度= 应激励额度×价值观系数×公司指标系数×部门指标系数×自律项系数×客户满意系数×品德项系数×成长项系数			
三年考核结果的平均值					

（二）集团公司部门负责人 135 渐进式在职股激励考核表

表 3–6　集团公司部门负责人 135 渐进式在职股激励考核表

<table>
<tr><th>序号</th><th>考核项目</th><th colspan="3">考核标准</th><th>第一年在职股考核</th><th>第二年在职股考核</th><th>第三年在职股考核</th></tr>
<tr><td>1</td><td>被考核对象</td><td colspan="3"></td><td></td><td></td><td></td></tr>
<tr><td>2</td><td>担任职位</td><td colspan="3"></td><td></td><td></td><td></td></tr>
<tr><td>3</td><td>级别工龄</td><td colspan="3">入职满一年以上</td><td></td><td></td><td></td></tr>
<tr><td>4</td><td>应激励额度</td><td colspan="3">董事会根据岗位价值评估与可分配股份资源及其岗位系数及工龄系数确定</td><td></td><td></td><td></td></tr>
<tr><td>5</td><td>考核日期</td><td colspan="3"></td><td></td><td></td><td></td></tr>
<tr><td>6</td><td>价值观</td><td colspan="3">考核标准：
A. 要求价值观与公司保持一致
B. 一票否决制</td><td></td><td></td><td></td></tr>
<tr><td rowspan="5">7</td><td rowspan="5">公司指标</td><td>利润增长率</td><td colspan="2"></td><td rowspan="3"></td><td rowspan="3"></td><td rowspan="3"></td></tr>
<tr><td>无风险利率</td><td colspan="2"></td></tr>
<tr><td>第一年考核目标</td><td>第二年考核目标</td><td>第三年考核目标</td></tr>
<tr><td></td><td></td><td></td><td></td><td></td><td></td></tr>
<tr><td colspan="3">评分标准：
1. 公司指标完成率≥ 85%，系数为 1；
2. 70%≤公司指标完成率＜ 85%，系数为 0.7；
3. 公司指标完成率＜ 70%，系数为 0</td><td></td><td></td><td></td></tr>
</table>

（续表）

序号	考核项目	考核标准	第一年在职股考核	第二年在职股考核	第三年在职股考核
8	部门指标	评分标准： 1.85%≤部门指标完成率，系数为 1； 2.70%≤部门指标完成率＜85%系数为 0.7； 3.部门指标完成率＜70% 系数为 0			
9	自律项	评分标准： 1.违纪次数不超过规定次数； 2.一票否决制			
10	客户满意	评分标准： 1.被投诉（成立）不能超过 3 次； 2.一票否决制			
11	品德项	评分标准： 1.全员支持率不低于 85%； 2.一票否决制			
12	成长项	评分标准： 学习投资等于或高于年收入的 5%，系数为 1； 学习投资每低 1%，成长项系数降低 0.05，成长项系数最低为 0.80			
13	阶段考核结果	实际激励额度= 应激励额度 × 价值观系数 × 公司指标系数 × 部门指标系数 × 自律项系数 × 客户满意系数 × 品德项系数 × 成长项系数			
三年考核结果的平均值					

（三）135 渐进式股权激励考核分红计算表

表 3–7　135 渐进式股权激励考核分红计算表

延期支付比例（532 原则）	50% ∶ 30% ∶ 20%									
年别	第 1 年在职股考核	第 2 年在职股考核	第 3 年在职股考核	第 4 年锁定期	第 5 年锁定期	第 6 年锁定期	第 7 年锁定期	第 8 年锁定期	第 9 年回购或注册	
考核日期	2012–1–15	2013–1–15	2014–1–25							
考核结果（单位：股，下同）										
分红日期	2012–1–25	2013–1–25	2014–1–25	2015–1–25	2016–1–25	2017–1–25	2018–1–25	2019–1–25	2020–1–25	2021–1–25
公司分红总额（单位：万元人民币，下同）										
当期公司分红股本总数										
被激励对象分红股数										
被激励对象分红股占总分红股比例										
当年每股分红										
个人当年应分红总额										
当年分红支付（当年分红总额 × 50%）										
去年剩余分红（去年分红总额 × 30%）										
前年剩余分红（前年分红总额 × 20%）										
当年累计分红										

（四）××公司虚拟股份增值激励

表 3–8　XX公司虚拟股份增值激励

制定部门：薪酬管理委员会　　　　授予时间：2010年12月30日

序号	姓名	部门	职务	授予额度	行权条件及比例			
					2012年 公司净资产达2 000万则行权比例为x%	2013年 公司净资产达2 600万则行权比例为x%	2014年 公司净资产达3 380万则行权比例为x%	2015年 公司净资产达4 394万则行权比例为x%
1								
2								
3								
4								
5								
6								
7								
8								
9								
10								

备注：
1. 当年的指标达标，则行权时间为第二年的1月15～25日；
2. 当年的指标达标，原则上必须行权；
3. 当年的指标不达标且被激励对象依然在职，则其行权比例叠加到下一年，但下一年行权时须达到复合增长指标。

第四章

蓝色塔中激励：执行团队的激励方案

"尊爵赡财，接礼励义。"

股权激励的核心，是要让被激励者从打工者变成主人翁。与其外部输血，不如自己造血。拥有长远的规划和愿景，员工才愿意跟随终生。

“拳头思维”——业务团队五步连环激励方案

业务团队分为两种：一种是全国各地乃至世界各地的分公司、子公司，另一种是总部的各个业务部门。实际上管理都是相通的，分公司、子公司的激励模式，跟总部的激励模式是一样的。比如在一个子公司或者说分公司，可以对全体核心高管做超额利润激励，也可以就在他们所在的分公司和子公司做在职分红激励，道理都是一样的。因为企业家往往非常关注业务团队，所以我们可以来探讨如何用总部的股份来鼓励分公司、子公司的核心高管；假设是当地的子公司、分公司，激励他们的核心高管，可以直接参考超额利润激励法、在职分红激励法、135 渐进式激励法等，模式是一样的。

假设业务部门包括销售部总经理、销售部总监、大区经理、销售经理、销售主管，应该如何激励呢？针对整个业务部门，可以先划分一个激励额度（比如 100 万股），那这 100 万股针对不同的岗位该如何分配额度，每个人应该拿多少股份，可以运用“海氏评估法”“135 渐进式激励法”等来计算，非常简单。

很多企业家还在担心、纠结，给核心高管 3%、5%、8% 的股份是不是高了，如此计较，是因为还没有找到合适的赢利模式。现在很多人开饭店，还处于“老大娘卖白菜”的水平——老大娘在街东头以两毛钱一斤的价格把白菜买回来，然后拉到街西头以五毛钱一斤的价格再卖出，中间赚三毛钱的差价。现在的企业家，无非把这件事情搞得复杂一些，不但买了白菜，还买了猪肉，买了辣椒，买了各种调料，还请了优秀的厨师做出各种花样的美食，卖给食客，收入减去各项成本支出，获得一点利润，这依旧是传统的商业模式。

要做股权激励，企业家的胸怀就要宽广一些，企业家要获得的利润，一定是员工看不到的利润，如果员工看到企业家总是跟员工抢钱，那就显得企业家境界太低了。

世界顶级的企业是怎么做的？他们有很多的利润来源，而且利润是可以超过营业额的。比如，麦当劳是怎么赢利的？可乐赚钱，但是麦当劳为什么不搞个“麦当劳可乐”，而要卖“可口可乐”？因为它觉得没必要，“可口可乐”本身是世界品牌，麦当劳和“可口可乐”强强联合就可以了，没必要靠可乐赚钱的。那么麦当劳靠什么赚钱呢？首先，把品牌做好做大了，在全世界范围内招商。成为麦当劳的加盟商，要交很多加盟费的，而且是分等级的，一家大约 300 万元到 800 万元不等，平均每家 500 万元。麦当劳在全球有 1 万家店，每年单是加盟费就能获利 500 亿元，这是麦当劳的第一个赢利点。第二个赢利点，是麦当劳变成上市公司后，在股票市场不断增发股票，这是很多人看不到的。

麦当劳第三个也是最大的赢利点，是商业地产，这对中国企业家有很强的借鉴意义。比如，麦当劳在选址时，是经过各方面调查的。在全世界任何一个地方，只要是麦当劳选址的地方，想都不用想，它所在的那条街周边比如三五百米范围之内，是黄金地段，这里的房子一般是不会贬值的。你不需要费心费力再去选址，在麦当劳旁边开店就可以了。麦当劳获取店面一般有两种方式。第一种，直接派人跟业主谈，劝说业主卖掉房子，谈判的技巧非常高明，有时能让业主以市场差额价，甚至更低廉的价格把房子卖给麦当劳。第二种，业主不同意卖房，麦当劳就跟业主约定，一次性租赁该房子几十年。然后麦当劳会招加盟商。要成为麦当劳的加盟店，第一要交加盟费，第二要交店面的租金，第三购买或者租用麦当劳的原材料和设备，第四要购买麦当劳开店的全套培训。成为麦当劳的加盟商，为麦当劳工作10年后，这个加盟商可能为了经营自己的事业，而把这个店面买下来，这样麦当劳就又赚了一笔。

这就是商业统筹的思维，隐性利润的思维。所以在做股权激励时，企业家不要总是纠结于是给3%、5%还是12%的股份，有这个精力不如想一想，怎么设计赢利模式，怎样更多地获得隐性利润。以下以××装饰有限公司股权激励方案来说明在职股和注册股的激励设定。

案 例

××装饰有限公司股权激励方案

一、公司背景资料说明

（一）公司基本信息

表1 公司基本信息

公司名称	××服饰有限公司	成立时间	1996年
主营业务	建筑装修装饰木业制造		
所属行业	房地产装饰建筑		
注册资金	3 000万元人民币	公司规模	省外6家
			省内17家
发展阶段	高速发展期		

（二）公司组织架构

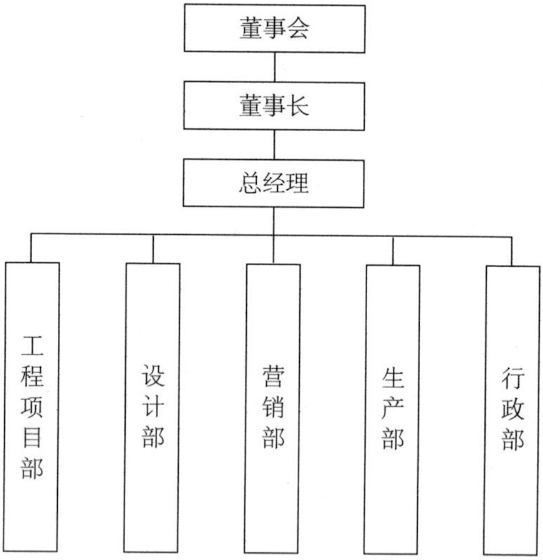

图1 ××公司组织架构图

（三）公司实施股权激励前的股东结构

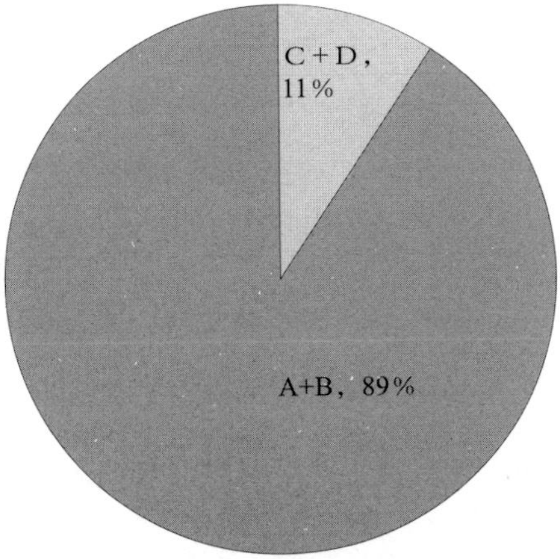

图 2　公司实施股权激励前股权结构图

（四）公司实施股权激励的背景

1. 市场竞争：在中国资本市场，装饰行业的国内生产总值总量是 1.8 万亿元，是白色家电的 1.3 倍，白色家电行业上市企业有近 50 家上市公司，而装饰行业只有 4 家。30 多家装饰企业都在走上市之路，这就意味着上市是本公司发展、生存必须要做的事情。

2. 战略目标：“1231”战略，详解见表 2。

表 2　“1231”战略

“1”	创造一流装饰企业，到 2015 年实现： 销售收入 18 亿元；产值总额达到 50 亿元；利润超过 4.6 亿元
“2”	二元结构： 在不断发展自营业务的基础上，大力发展承包经营业务，形成二者并举的二元经营结构

（续表）

“3”	三个市场： 巩固济南市场，发展山东市场，迈向全国市场
“1”	一个平台： 以整合品牌管理为龙头的业务运营体系，建立一个以服务为导向的经营平台

面对激烈的市场竞争，要想实现公司宏伟的“1231”战略目标，在公司实施股权激励政策已是燃眉之急。

二、公司股权激励方案

（一）股权激励模式

1. 注册股激励模式

2. 在职股分红激励模式

（二）股权激励方案

1. 注册股激励方案

1）公司注册股分配机制

表 3　公司注册股分配比例表

A	B	高管（有限合作公司形式）
53.3%	35.7%	11%

2）注册股激励对象及股权分配比例

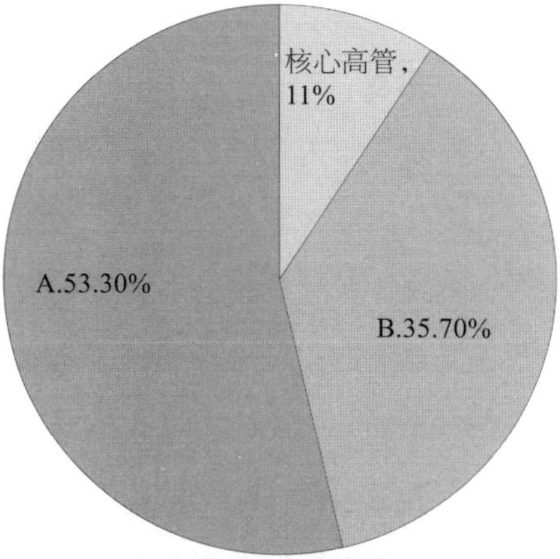

图 3 公司实施股权激励后股权结构图

表 4 注册股激励对象及股权分配比例

激励对象	分配比例
总经理	20%
营销总监	15%
财务总监	14%
设计总监	14%
工程总监	18%
行政总监	10%
检查审计	9%
合计	100%

3）注册股激励相关规定

A. 定价：净资产实际金额约定股本定价 1 元／股。

B. 2011年第二季度认购两天之内认购完毕，过期无效。

C. 定变：

•股改3年内离开公司，公司按原价无条件收回；

•股改3 ~ 5年离开公司，公司按原价2倍收回；

•股改5年后离开公司，公司按原价3倍收回；

•上市之日起，注册股转上市公司股票，公司收回条件取消。

D. 定规：

•注册股以职级定量，自愿认购，可少不可多，认购权不可转让；

•每人认购多少一律保密，一旦泄密，取消泄密者注册股认购资格；

•公司按国家规定代扣个人所得税，必须全部缴纳；

•按农历每年春节前10天分红。

2. 在职股分红激励方案

1）总公司利润分配机制

表5 总公司利润分配机制

留存	在职股分红	
80%	20%	70%股东分红
		30%激励对象在职分红

说明：上市后，部分在职股逐渐转变为注册股。公司上市后将启动股权激励计划。

2）分公司利润分配机制

表6　分公司利润分配机制

留存	在职股分红	
40%	60%	50% 总经理
		35% 骨干员工
		15% 引进人才、培训基金

说明：上市后，总经理的部分身股逐渐转变为注册股。公司上市后启动股权激励计划。

3）在职股分红激励对象及其分配比例

表7　在职股分红激励对象及分配比例

职务	分配比例	职务	分配比例
总经理	13%	设计部A	1%
营销总监	11%	设计部B	1%
财务总监	10%	设计部C	1%
设计总监	10%	材料部经理	6%
工程总监	13%	财务部经理	3%
行政总监	10%	工程部经理	4%
检查审计	8%	综合部经理	3%
总经理助理	3%	预算部经理	3%

4）在职分红股相关规定

A. 定时：2011年第二季度开始，实施时间三年。

B. 定价：免费。

C. 定变：

•每年根据被激励对象在岗位上的业绩和表现，由公司董事长根据董事会协议适当调整在职股比例；

•新进员工的预留股份不足的情况下，新增股权人时，股权按相应比例稀释。

D. 定规：

•在职分红股依岗位而定，岗位发生变化时，在职股分红和股权激励方案也发生变化。辞职和被开除的员工将失去在职股分红的权利；

•农历春节前 10 天分红。

三、股权激励实施效果预评估

1. 2011—2013 年公司净利润预测

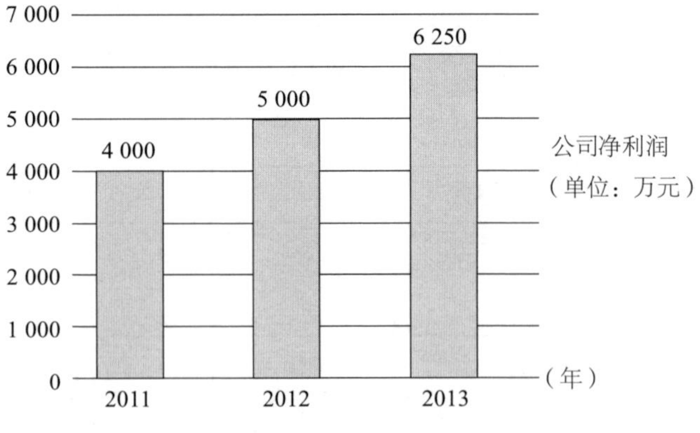

图 4 2011—2013 年公司净利润预测图

2. 总公司激励对象收入试算

以总经理及材料部经理为例。

表 8　总公司激励对象收入试算（单位：万元）

年份	职务	注册股分红	在职股分红	年总收入
2011	总经理	12.3	31.2	63.5
2012	总经理	17.68	44.77	82.45
2013	总经理	25.87	65.52	121.39
2011	材料部经理	—	14.4	21.4
2012	材料部经理	—	20.66	27.66
2013	材料部经理	—	30.24	37.24

3．分公司在职分红总额试算

以新疆分公司为例。

表 9　分公司在职分红总额试算（单位：万元）

年份	产值	净利润	在职股分红
2011	2 000	170	102
2013	3 500	297.5	178.5
2013	4 500	382.5	229.5

方案点评：

该公司的上市之路还很远，当前的首要任务是扩大公司的市场规模，把公司做大做强。要想把公司做大做强，首先应该把分公司的自我管理做好。

关于该公司的股权激励方案提出两点建议：

1．在距离公司上市时间还很长的时候，建议公司可以先进行在职股分红激励。

2. 对每一个分公司先实行在职股分红激励方案，第一步让激励对象先拿到钱，第二步可以将在职股逐渐转成当地的注册股（不在上市公司结构内，可以分钱），让激励对象有钱来购买注册股。

集团股激励法

作为一个公司，拿出5%的股份来激励销售负责人，会不会太少了？实际上，股份有一个性质叫稀缺性。股份是非常稀缺的，假设企业家能够把公司的未来规划好，让员工能够发自灵魂深处地信任和追随他，这个股份比例就成了小事，盘子做大了，股份比例相对就可以减少。

集团股激励分为以下五个步骤。

确定具体的激励对象

首先，要确定具体的激励对象，比如“本激励计划适用于2014年1月1日依然在岗的各个分、子公司总经理”。但是不需要写出具体的激励对象的姓名。

根据激励金额确定激励的额度

假设公司总部拿出1亿元来激励50个分、子公司的总经理。公司实际上不是拿出1亿元现金来激励，否则就不叫“股权激励”而叫“现金分配”了。前文提到，股权激励有一个非常重要的内涵，是用未来的财富激励今天的员工。什么叫未来的财富？假设公司5年后上市，那么公司首先就要规划好，5年后别人是否愿意花大价钱购买这个公司的股份，而这取决于他们能不能看好这个公司的未来，能否为他们带来更丰厚的回报。要想让公司外部的人相信，首先要让内部的员工相信。所以要有一个非常科学清晰的规划，并对公司的未来发展有坚定不移的信念。5年之后公司能否上市，不是老板说了算的，而是全体员工共同努力的结果，但可能性一定是有的。假设5年后公司真的上市了，公司的市值是50亿元，公司会拿出1亿元来激励大家，也就是说，现在从集团总部的股份当中拿出2%来激励这50个总经理，一旦公司上市，2%的股份意味着最少1亿元的价值。如果公司预测市值100亿元，那么拿出1%做股权激励就够了；如果预测市值25亿元，那就拿出4%来激励大家。

明确单次的激励额度和具体的评估时间

必须明确单次的激励额度和具体的评估时间。比如，上文提到的这2%的股权激励，不是一次性支付的，而是分成4次，每次支付0.5%。什么时间评估呢？比如每6个月为一次激励周期，两年时间内将0.5%的股份释放完毕。

设定具体的激励条件

必须设定具体的激励条件。比如激励股份的授予是基于责任、权利和义务相结合的原则，综合考量激励对象所承担的岗位职责、员工满意度和绩效表现而激励。什么叫岗位职责？就是在考核期内，被激励者必须是分、子公司的总经理，这最低要求，否则不属于激励范围。另外，员工满意度比如必须不小于 80%，否则一票否决。

设定绩效条件

绩效条件是什么？企业可以只关注利润，也可以只关注销售额，也可以既关注利润也关注销售额，还可以加上人才培养等很多指标。这时就需要把多个指标变成一个综合指标。

比如利润权重为 70%，销售额的权重为 30%，当期销售收入为 500 万元，利润为 100 万元，则 500 万元 ×30%+100 万元 ×70%=220 万元，即当期的综合绩效指标是 220 万元，这 220 万元既不是利润指标，也不是销售额指标，而是综合绩效指标。

现在假设一共有 50 个总经理，在 1 ～ 6 月期间每个人都按照这种公式计算，得到综合绩效之和是 1 亿元，那么平均每个总经理的绩效指标是 200 万元。这样就可以规定，平均综合绩效指标是 200 万元，被评为激励对象的条件之一，就是综合绩效指标必须在平均值 200 万元之上。

如果在这半年时间内，综合绩效超过 200 万元的老总有 20 人，那该怎么办呢？是不是这 20 个总经理平均分了？肯定不能平均分，所以还要有进一步的算法。假设这 20 个入围的总经理，他们的绩效指标之和是 4 400 万元，总经理 A 的综合绩效是 220 万元，那他应该拿多少股份？即：220 万元 ÷4 400 万元 ×0.5%=0.025，其中的 0.5 是指这 6 个月内公司释放的股权额度，所得到的 0.025 就是总经理 A 在这半年时间内所获得的股权激励额度。

两年一共进行四轮考核，你会发现：人人都有机会，第一轮入围的人，不代表后面三轮每轮都能入围；第一轮没有拿到股权的，不代表以后三轮也拿不到。两年四轮全部考核和激励完毕后，公司可以与考核者签订内部协议，明确各个激励对象在本阶段所获得的股份比例，然后进入锁定期。现在拿到股份，可以直接注册，也可以进入锁定期，这要参考总部高管，如果总部的高管是在锁定期，那么这些被激励者也在锁定期，然后一起注册；如果总部的高管是直接注册，这些被激励者拿到股份以后也可以直接注册，但是这个注册必须等两年四轮激励全部完成以后。

定价的方式，比如有三种方式，一种是不要钱，一种是现值有利，一种是现值不利。资金来源，包括自筹资金、分红回偿、公司担保、银行贷款。如果公司的赢利模式或运作机制有所调整，则要将根据实际情况重新制定考核办法。本股权激励计划的解释权，归属公司董事会和总裁办。激励对象的最终确定需经董事会审议通过。退出机制和股权权益，与总部高管的退出机制、股权权益等同。

一个人虽然符合激励的条件，但是对公司不认同，这样的人是不能成为正式股东的，不要小看这一条，看起来非常简单，但操作的时候就有无限的延展性。什么样的人能成为注册股东？第一，能力跟得上公司发展；第二，发自内心愿意和公司一起成长。只有这样的人才能成为公司真正的股东。

有的人认为，自己的企业比较小，还不适合做股权激励。这是对股权激励的一种极大误解。其实，股权激励特别适合小企业，企业规模越小，股权激励越好做，当然也会有风险。再小的企业都可以使用股权激励，前提是企业家要有一份与他人共享的胸怀。至于具体怎么用，需要有一个框架思路。

股权重组激励法

股权重组，首先适合准上市公司，打算上市的企业才会做股权重组。刚开始的时候，股权可以下放，因为每个分公司、子公司的高管都有股份，觉得自己是公司的主人，才会有进取的动力。但实际上当公司发展到一定阶段时，他们的心态又会改变，容易多足鼎立，割据一方。

总公司是要设立分公司还是子公司，取决于经营统筹、税务统筹、法律风险屏蔽等。

从法律风险屏蔽的角度来看，子公司肯定优于分公司。子公司有独立的法人，可以有董事会，可以有注册股股东。上面是一个母公司、集团公司，可以控股下面的子公司（比如控股 51% 或 52%），子公司有独立的法人、独立的董事会，假设子公司出了问题，本身就可以承担责任，公司总部不会受到牵连。分公司则不同，没有独立的法人，也无法独立承担责任，有任何一家分公司出了问题，一把火立刻就会烧到公司总部。

从税务统筹的角度来看，分公司肯定优于子公司。比如有两家分公司，一家在上海，一家在北京，今年上海公司亏损了 1 000 万元，北京公司赢利了 1 000 万元，它们对于公司总部来说没有赢利也没有亏损，公司也不需要缴税。如果是两家子公司，一家在上海，一家在北京，今年上海公司赚了 1 000 万元，这 1 000 万元是要缴税的，北京公司亏损了 1 000 万元，是不需要缴税的。

从经营管控的角度来看，分公司要优于子公司。分公司的管理可以一竿子插到底，子公司则因为有独立的法人和董事会，所以管控的力度不如分公司。

现在想开子公司或者分公司，投资额度并不高，50 万元的启动资金就够了，因此开公司并不难，但是这个公司能否成活，能否发展壮大，能否为总公司带来高额的利润回报，就取决于经营公司的员工们了。

在子公司，可以把股东的身份，直接由虚拟变成做实，可以做实股东，直接去工商局注册就可以了，注册的前提是基于信任和法律保障。

子公司可以直接注册股份，而分公司是没有办法注册股份的，怎么办呢？可以跟股东有一种私下协议：公司刚成立的时候，由于公司的属性是分公司，无法注册股份股，但是私下里我们认同分公司领导是注册股东，把他们当成注册股东来对待，虽然没法在工商局注册，但每年的分红他们肯定是要到现场的，这是建立在彼此的信任之上的，等以后公司壮大了，上市了，可以把他们的股份直接在公司总部注册。

等到公司上市时，为了体现对股东的负责，要把他们的股份换算到上市主体公司。比如某个股东在南京公司占 10%的股份，在重庆公司占 20%的股份，在西安公司占 5%的股份，那么要把这些股份换算到上市主体公司的股份，就要有一个沟通的过程。

对于股权重组，首先要理清三个问题：第一，为什么要进行股权重组？第二，到底如何进行股权重组？第三，股权重组能给各方带来什么样的益处？下面要谈的是宏观理论和未来你的企业遇到股权重组的可能性，要掌握股权重组的基本原理，否则有一点疏忽就可能给公司带来非常大的经济损失。

为什么要进行股权重组

股权重组实际上是公司治理层面的，已经超越了技术层面的概念。股权重组比较适合准上市公司。

为什么要重组呢？先从集团公司（也就是上市主体公司）的角度来分析，对上市主体公司有什么好处。

第一，可以满足财务指标的要求。一旦重组了，营业规模变得更大，利润变得更高了，净资产指标更高了，现金流可能更充足。

第二，可以满足股权高度集中的要求。假设企业的股权是很分散、很零乱的，一般上市的时候在股权方面会遇到很大的障碍。

持上不持下。华为公司的股权激励，在全世界范围来看都是做得最好的，甚至可以说是“前无古人，后无来者”。华为从2.4万元人民币起步，做到现在每年几千亿元销售额的世界顶级企业，而且到今天还没有上市。它是用员工的钱激励员工的最典型的企业，操作思路非常缜密，全世界独一无二，所以他们的股权也是比较零乱的。但是华为很难上市，因为华为如果上市，是要经过千难万险的，因为它的股东现在超过8万人了，而要想成为上市公司，证监会就要对公司所有股东做背景调查，把8万多人的背景调查做完，估计要50年左右。华为公司的股份在全世界“持上不持下”，也就是说，华为在全世界很多国家都有公司，但是所有的高管、所有的股东在任何分、子公司不持股，而统统在华为总部持股。

持下不持上。也有一些股权重组做得很好的企业，是“持下不持上”。什么叫“持下不持上”呢？中国有一个企业叫复星国际，资产是上千亿元级别的，董事长是郭广昌，四个股东都是复旦大学的同学，号称“复旦四剑客”。他们刚开始是做医药咨询的，专门做商业信息搜集和整理分析，后来慢慢做成实业。复星国际的股东除了前五大股东在复星国际总部，其他所有激励对象统统在下面的各个子公司，总部一个都没有，这种持股模式就叫“持下不持上”。

多层次持股。还有一种模式叫“多层次持股”，是既持上持下还持中间，这是什么意思呢？假设一个人是南京子公司的总经理，总部可以用南京这家子公司的股份来激励他。南京子公司是深圳总部控股的一个公司，所以他就在他的公司持股，这叫当地公司持股，总部给他一个特权，在公司高速发展的时期，他可以为公司输送人才。

人才是内部培养的忠诚度高一些，还是外部引进的忠诚度高一些？换句话说，人有两种输血功能，一种是外部输血，一种是自己具有造血功能。企业的人才获取也同样有两种途径。太多的企业案例来佐证，人才大多是内部培养的比较好。马云曾经说过，他最大的错误或者遗憾就是，过去他认为自己带的18个人，最高职务能做到部门经理就不错了，因此以后为了企业的发展要引进更多的人才，结果最后发现，这么多“空降兵”来来往往，没有一个真正落得了地的，而当年跟随他的那18个人，全都成了副总裁以上甚至是董事级别的高管。因此，内部培养的人才比较好，不仅从骨子里认同公司，而且最了解公司。当然，外面的“空降兵”也可以用，但那是应急机制，就好像一个人突然出车祸了大量失血，要立刻输血，公司在危急关头引进一两个“空降兵”也未尝不可，但千万不要把希望全部放在人才的外部引进上，而要关注内部人才的培养。

假设张总经理培养出一个接班人A，而且为这个接班人A配了两名总监、一名财务、一名客服，到无锡开拓市场，最后在无锡开了一家子公司，由总部控股。为了表示对张总经理的感谢，公司让张总经理在无锡公司持有5% ~ 10%的股份。在这种机制下，张总经理愿不愿意培养人才？肯定愿意，天天琢磨着有哪些人可以成为子公司的总经理。所谓“体制决定统治”，你希望别人为你输送人才，那你有没有设定让他们发自内心主动为你输送人才的机制？这很重要。

不仅在自己的公司持股，还在母公司或者子公司持股，这就叫“多层次持股”。前文中讲到的“集团股持股”就是总部持股；在职分红、“135激励法”就是在自己的公司持股。一个人在集团总部有股份，在自己的公司有股份，在其培养的各地子公司也都有股份，每个公司年年都有分红，所有的分红都是按照“532原则”来支付，他的身上有无数条利润纽带，那这个人还舍得离开公司吗？

如果公司打算上市，这个股权结构就比较复杂了，股权结构复杂就上不了市，怎么办呢？要有这样一个过程：把当初给股东的这些股份，用其他的方式置换回来，股东在分公司可以继续享有在职分红，但是注册股被取消了，这样从组织架构看起来，公司是100%完成控股，这样上市就比较容易了。

从公司管理的角度，刚开始公司规模很小的时候，要进行高度集权化管理；发展过程中，为了快速扩张和裂变，公司要进行授权式管理；等到公司变得很大时，又要进行集权化管理，放权——集权——放权……就这样不断循环。

为什么要把放出去的股份收回来呢？收回股份的目的，不是因为后悔把股份分给股东，而是要跟股东实现“共赢”。比如股份放在子公司，三年能分500万元，但是放到总部，三年以后变成上市公司时，500 万元就能变成 5 000 万元，彼此是共赢的。所以从集团总部的角度，股权要高度集中，就要把过去释放出去的股份收回来。

那么，从被置换的对象（比如分、子公司总经理）角度来看，收回股份又有什么好处呢？

第一，实现股份的稳定分红水平。比如，过去张总只在南京公司一家持股，现在是在集团总部持股，集团有 100 家子公司，这 100 家公司最后的平均值是赢利的，张总就可以赢利，平均值是亏损的张总才亏损。换句话说，树大根深，并非过去的一叶小舟了，抵御风险的能力很强，分红水平就比较稳定了。

第二，实现股份价值的最大化。股份有三重价值：分红，股份增值，股份溢价。

股份的第一重价值，叫“分红”。有很多股东，不愿意用股权激励的方式把股份授予相关利益者。其实，股份的收益来源于阶梯状陡增。三个段位，一般人只能看到最低层面的收益，也就是分红。比如今年公司赢利 1 000 万元，全部拿出来分了，作为股东你持有公司 5% 的股份，那么你可以分红 50 万元，这是你的股东权益。但这种权益是最低层面的了。

股份的第二重价值，叫“股份增值”。比如，股东A在公司总部持有 5% 的股份，今年公司拿出 1 000 万元来分红，那么股东A可以分到 50 万元的分红。这时投资者B投资这家公司 1 000 万元，持有公司 10% 的股份，那么股东A的股份由 5% 变成了 4.5%[即（1–10%）× 5%]，股份，但是这 4.5% 的股份价值却增值了——由原来的 50 万元变为 450 万元了。这就叫“股份增值”。

股份的第三重价值，叫“股份溢价”。投资者B投资这家公司1 000万元，是有一个预期回报的，比如认为这家公司未来的发展前景不错，可能会上市。假设5年以后这家公司真的上市了，市值变成了50亿元，此时股东A持有的4.5%的股份，可能变成3%左右了，但是这3%的股份价值达1.5亿元——股份比例越来越小，但实际的股份价值却越来越高。这个1.5亿元，就是股份溢价。

要想让股份有溢价的可能，就必须有外围的人进入公司稀释股份，要么是二级市场上购买股票的股民们稀释的股份，要么是投资者进来稀释的股份。股份唯有被稀释，才能释放出巨大的能量。

把子公司总经理的股份换算到公司总部来，目的就是为了让他实现股份价值最大化。因为他在子公司只能享有子公司的利润分红，而不可能变成上市公司的股东，也就享受不到因上市而带来的股权溢价。

如何进行股权重组

置换的方法是以未来若干期累计净利润指标为依据。

什么叫未来若干期的累计净利润呢？

假设李总经理公司的注册资金是100万元，张总经理公司的注册资金是200万元，如果两家公司合并，李总经理持有新成立公司股份的1/3，张总经理持有新成立公司股份的2/3，这样合理吗？肯定不合理，因为注册资金的多少并不能代表公司效益的多少。

假设李总经理今年赚了1 000万元，张总经理今年赚了2 000万元，如果两家公司合并，李总经理持有新成立公司股份的1/3，张总经理持有新成立公司股份的2/3，这叫以净利润指标为依据的核算方法，这样也是不合理的。因为明年的收入比例未必跟今年的相同。张总经理公司今年的利润是2 000万元，增长速度是50%，明年可以赚3 000万元，后年可以赚4 500万元；李总经理公司今年的利润是1 000万元，但增长速度是300%，明年可以赚3 000万元，后年就可以赚9 000万元了。所以以当年的净利润指标为依据的置换方法，也是不合理的。

同理，以净资产指标为依据的置换方法，也是不合理的。

资本市场只有一个方法是比较合理的，就是以未来若干期累计净利润指标为依据。不是看过去，过去仅供参考，要看未来。

什么叫若干期？若干期指的是股权锁定期。股权锁定期的时间设定，可以参考实现上市的年数。比如公司预计五年后上市，那就根据净资产、利润、增长比例等，来预计五年后公司值多少钱。今年可以设定一个比例，如果比例没有变化，不用调整，就可以置换，五年后如果发生很大变化，这个比例还可以做一些调整。这就叫若干期。

什么叫净利润增长率呢？预计置换主体未来个人的净利润增长率。比如张总的公司每年以38%的速度增长，李总的公司每年以45%的速度增长。

什么叫净利润基数呢？置换时上一年的净利润。

假设某集团公司预计三年后上市，现在有20个子公司的股东，他们本来是子公司的总经理，但是他们愿意冲刺下一个更高的梦想，与总部进行股权置换，把子公司的股份置换到总部。这20个总经理当年在子公司可以分配的利润总额为1 200万元，经过测算，各个利润主体（包括总部和子公司都是）未来各年的净利润增长率为50%

（这个 50%是为了方便理解，如果每家公司的增长率不一样，计算起来就太复杂了）。置换之前的前一年，集团公司的净利润为 3 000 万元。这些总经理原来在子公司可能占 15%的股份，而置换到集团总部只占 1%或者 2%。具体占多少，是怎么计算的呢？

第一步：计算出 20 个股东的三年可分配利润额度。

这 20 个股东在分配之前，当年的利润是 1 200 万元，公司净利润每年的增长率为 50%，因此第二个年度，这 20 名股东的可分配利润额度为 1 200 万元 ×（1+ 50%）= 1 800 万元，第三个年度可以分配的利润额度为 1 800 万元 ×（1+50%）=2 700 万元，第三个年度可以分配的利润额度为 2 700 万元 ×（1+ 50%）=4 050 万元。三年后这 20 名股东的分配利润总额为 1 800 万元+2 700 万元+4 050 万元=8 550 万元。

再来看总部。总部也在按照 50%的速度增长，第二个年度的利润为 3 000 万元 ×（1+50%）=4 500 万元，第三个年度的利润为 1.012 5 亿元。

第二步：确定置换的方法。

分、子公司的总经理们，三年后的可分配利润为 8 550 万元，总部的为 10 125 万元，那么总部应该用哪一个数据跟分公司进行置换？ 8 550 万元是三年利润的累计之和，那么总部要不要把三年的利润累积到一起为 2.1 亿元左右，然后再一起置换？总部的股份值 2.1 亿元，这 20 个总经理的股份值 8 550 万元，20 个股东的股份大约占总部的 1/3，应该这样做，这是一种大度的表现。

但是投资公司不会同意这么做。投资公司会提出一个要求，以公司最后一年的净利润（1.012 5 亿元），乘以市盈率倍数。市盈率倍数为多少合理呢？创业板开板后一年时间时，市盈率倍数平均为78倍，如果按78倍来计算，1.012 5亿元乘以78大约为80亿元。公司股份值80亿元，20个总经理的股份值8 550万元，股份重新组合后，这20个总经理占大概不到1%的股份。按照这个方式来计算，别人也不一定同意，但不管他们是否同意，都要把账算给他们听。

用最后一年的净利润指标乘以市盈率的倍数，这是中国公司的股权重组的标准方法。

假设用50倍的市盈率，公司股份值50亿元，20个总经理的股份值为8 550万元，8 550万元/（50亿元+8 550万元）×100%=1.681 3%，这20个总经理的股份置换到总部就占1.681 3%。如果按照5倍的市盈率，则占16.812 5%。

总部用20%的股份，来换取20个总经理在子公司持有的所有股份，但这20%的股份并非每个股东平均分得1%。要根据这20个总经理的20个公司连续三年来为公司创造的价值来分配。比如，在总共8 550万元利润当中，刘总的公司创造了855万元的利润，他的利润贡献占整个利润贡献的10%，那么刘总在这20%的股份里可以分得10%，即2%的股份。通过这样的计算方式，最终计算出每个总经理最后分得的比例。

第三步：进行愿景规划。

如果今后公司上市了，你的股份能值多少钱？要给股东们算算账。怎么去呈现这个数据呢？要用到上市市值的预测模型。

比如某公司在2011年的可分配利润为3 000万元，公司的整个股东构成是这样的：董事长一个人占50%，总裁、副总裁、总监持有剩下的所有股份。假设把2011年的3 000万元利润全部分了，那么董事长一个人能分 1 500 万元。公司把 20%的股份拿出来，与子公司的 20 个股东进行置换，那么董事长原本持有的 50%的股份，现在变成了 40%，减少了 10 个百分点。按照每年 50%的增长比例，2012 年公司的可分配利润是 4 500 万元，2013 年公司的可分配利润为 6 750 万元。2013 年，有一家风投出 500 万元投资该公司，持有该公司 10%的股份，并把该公司估值为 5 亿元。董事长原本占 50%的股份，经过第一轮稀释还剩 40%，风投进入后董事长的股份还有 36%，价值 1.8 亿元。到了 2014 年，又有一个风投，出资 5 000 万元，占公司 7.5%的股份，对该公司估值 6.66 亿元。这时，董事长的股份就由 36%变成 33.33%，他的股份价值却值 2.2 亿元了。

可见，经过稀释后，董事长所占的股份比例越来越少了，但是股份的价值大大增加了，这就是股权增值。

再来看小股东。比如王五本来有 2%的股份，第一轮风投进来后，王五的股份就由 2%变成了 1.8%，第二轮风投进来时，王五的股份比例就更少了，公司上市后王五的股份比例就很少了，但即使按照 50 倍的市盈率，他也有 6 320 万元的身家，如果按照 78 倍的市盈率，他就是 9 862 万元的身家，如果按照 180 倍的市盈率，他就是 2.2 亿元的身家了。

再来看风投。第一个风投出资 5 000 万元，持有公司 10%股份，按照市盈率 180 倍，三年后可以从该公司拿回 12 亿 6 436 万元，按照市盈率 78 倍，三年后可以从该公司拿回 4.4 亿元。第二个风投，出资 5 000 万元只占 7.5%的股份，如果按照 180 倍的市盈率，可以从该公司拿回 10.2 亿元，如果按照 78 倍的市盈率，可以从该公司拿回 4.4 亿元。

在做股权激励之前，除了要设定技术，设定公司的产业链，规划公司的未来，建议用结合数据的方式，跟要激励的每个对象算一下账。被激励对象是想每年分点钱三年以后成为一个几百万的富翁，还是想三年后让自己身价 2.2 亿元？这需要他们做一个选择。

“中西合璧”——非业务团队海氏评估激励方案

在一个企业里，销售部可以用销售业绩来衡量绩效，甚至研发部可以用所研发产品的销量或者利润来衡量绩效。但是人力资源部和行政部门经理的绩效怎么确定呢，这是一个难题。从管理学角度来讲，如果不能把绩效考核量化，就很难实施考核。

那是否不能定量的时候就定性呢？实际上定性的考核最容易导致企业扯皮的问题。考核应该抓大放小，考核几个关键指标就可以，而且考核指标之间有关联性的指标只取一个就好。西方管理界在这个问题的解决上就有很好的方法——海氏评估法。这种方法极大地平衡了非业务团队“不患寡而患不均，不患贫而患不安”的心理，解决了非业务团队无法进行有效股权激励的大难题，从而达到公司与非业务团队形成利益共同体、事业共同体的激励目标。

“二战”以前美国工业发展非常迅速，为美国“二战”的胜利打下了基础，那时美国的企业不断更新生产工艺，比如发明标准公时、流水线生产、品质管理模式等，这些促进了美国工业的高度繁荣和快速发展。但是他们逐渐发现一个问题，就是硬件、工艺上的问题，用流程和制度很好解决，但是软性的东西比如薪酬体系、考核体系却很难设定。于是美国顶级的薪酬专家爱德华·海先生，凭着卓越的学术精神不断地研发，终于在20世纪50年代发明了用于做薪酬评估的海氏评估法，该方法可以解决财务部、研发部、生产部等不同部门岗位的工资设定问题。经过几十年的不断完善，今天的海氏评估法，已经成为80%以上的世界500强企业普遍采用的岗位评估模式，被证明是一个比较科学的评估工具，也由最初的薪酬评估方法延伸到股权激励方法。

10年前海氏评估法在中国的民营企业里不太适用，因为那个时候很多企业还处于萌芽状态，在家族企业里一人多职、一人多岗的情况非常普遍。如今，随着企业不断规范，企业由原来的一人多职、一职多能、一人多岗的情况，慢慢走向专职专人专岗，中国的企业就有条件实施海氏评估法了。

海氏评估系统

下页是海氏评估系统的指导图。指导图分为两个部分，左边部分是关于这个岗位的评估系统，右边部分是根据评估的分数做的计算方法。左边部分有三个基本层面，包括知识水平技能技巧、解决问题的能力、承担职务的责任。海氏评估体系中，对于某个岗位的价值和对应的能力要求，主要是从这三个维度来进行评估的。第一，要对岗不对人；第二，要用未来的眼光来看待这个岗位。一定不能用现在的眼光看待，不能认为岗位现在是什么样就怎么样评估；一定要基于未来的、发展的眼光来看待这个岗位对于企业的价值，以及企业对这个岗位的要求。

一个岗位的价值体现在三个维度上：第一，要想让这个岗位产生价值，能胜任该岗位的人所必须掌握的知识水平和技能技巧；第

海氏岗位价值评估系统简介

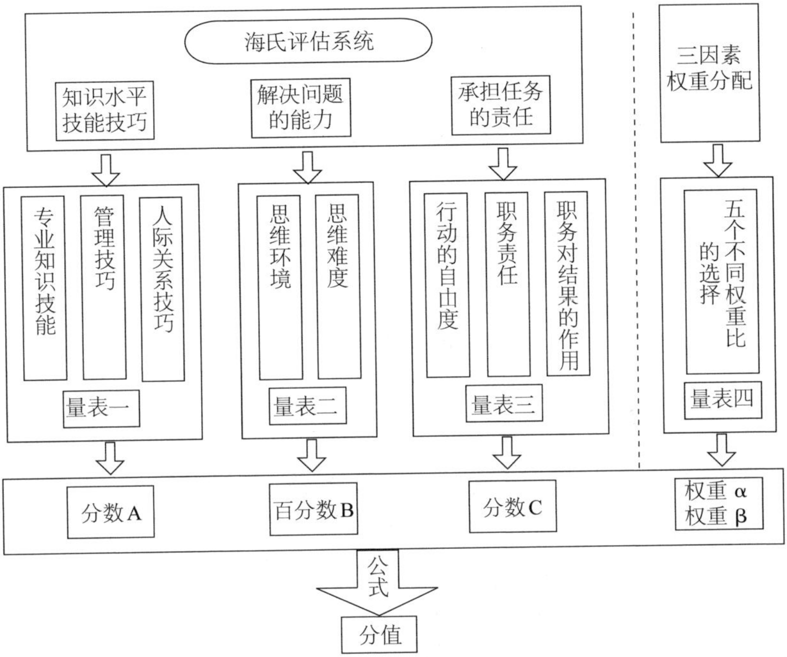

图 4–1　海氏评估系统指导图

二，解决问题的能力；第三，职位应承担的责任。

海氏评估法的专家们认为，一个岗位就像制造型企业来料加工的生产流程一样，有投入，有过程，有产出。首先必须具备什么样的原材料，即一定的知识水平和技能技巧，这是岗位投入的原材料。需要通过做一些事情来为公司解决问题，这就是过程模式，也就是生产加工模式。解决问题之后的结果，说明你承担了这个职务的责任，这就是产出。

一、知识水平和技能技巧

海氏评估法非常科学和严谨，把每一个岗位都用数字来呈现，比如这个岗位 2 100 分、那个岗位 1 890 分。企业在学习海氏评估法以及其他西方管理思想时，重点是要善于学习海氏评估法及其他管理思想的思维模式，只有学习了这些思维模式，才能加深对管理的认识，才能提升管理能力。

知识水平和技能技巧，又可以分为三个子维度：第一，专业的知识技能；第二，管理的技巧；第三，沟通协调的能力，即处理人际关系的技巧。

（1）第一个维度：专业的知识技能

专业的知识技能，即要使工作绩效达到可接受水平，员工所需

表 4–1　海氏评估表

等级	说明	举例
A. 基本业务水平	熟悉简单工作程序，达到基本的工作规则要求与工作训练	复印机操作员
B. 初等业务水平	能同时操作多种简单的设备以完成一个工作流程	接待员、打字员、订单收订员
C. 中等业务水平	熟练掌握一些基本的方法和工艺，需具有使用专业设备的能力	人力资源助理、秘书、客户服务员、电气技师
D. 高等业务水平	能应用较为复杂的流程和系统，此系统需要应用一些技术知识（非理论性的）	调度员、行政助理、拟稿人、维修领班、资深贸易员
E. 基本专门技术	对涉及不同活动的实践所涉及的相关技术有相当的理解，或者对科学的理论和原则有基本理解	会计、劳资关系专员、工程师、人力资源顾问、中层经理
F. 熟悉专门技术	通过对某一领域的深入实践而具有相关知识，或者/并且掌握了科学理论	人力资源经理、总监、综合部门经理、专业人士（工程、法律等方面）
G. 精通专门技术	精通理论、原则和综合技术	专家（工程、法律等方面）、CEO、副总、高级副总裁
H. 权威专门技术	在综合技术领域成为公认的专家	公认的专家

的专门业务知识及相应的实际应用技能总和。理论知识也好，实际操作方法也好，是一种总和。这里分为A、B、C、D、E、F、G、H八个级别。

A级别是基本的业务水平。熟悉简单的工作程序，达到基本工作的规则要求。比如复印机的操作人员，每天做的事情就是把文件拿过来复印一下发到相关部门，这类工作就属于基本业务水平。级别越高，对知识技能的要求就越高。通常来说，对技术类、研发类的岗位（如会计、工程师、人力资源顾问等），首先必须从E级开始评分，而不需要业务水平评分。而人力资源经理、财务总监、公司顾问等，熟悉专门的技术，就属于F级别了。而工程院、科学院、社会科学院里的专家，国家标准化管理委员会在某个领域的技术专家，ISO认证组织里的某领域专家，都是某领域或某学科里的权威，可能就属于H级了。

做岗位评估的时候，一定要量体裁衣，好比“1 000个人心中就有1 000个哈姆雷特”，是没有标准答案的，因为背景不同。比如一个操作工的级别，关键看他操作什么样的设备。

如果是宇宙飞船“神舟十号”发射点火岗位的操作工，虽然只是按下按钮点火这样一个简单的操作，但是他的级别就不是A级了。要有资格去按这个按钮，要掌握专业知识，要有多少道临场的反应措施，要有多少道程序和设备的指令，以及对这个专业领域的了解，那是要绝对的精通。在一般的企业里，操作工可能就是最基本的流水线的装配工，这属于A级；而有些企业的操作工是操作大型设备的，这种大型设备一台价值几亿甚至十几亿元，它的操作工可能要送到在国外的设备原厂的厂家严格培训半年才能操作，这就属于B级甚至更高级别了。

有时候，对于同一个岗位，不同评分级别的界限很模糊。评级的高低，与公司的商业模式、定位等有很大的关系，因此没有答案，只能根据自己企业的实际情况来看，没有办法严格量化，而是需要根据经验判断。比如，在A的公司里，研发工程师的级别是G，因为研发决定了公司未来的走向，非常重要，研发人员在专业技术方面必须非常精通。而在B的公司里，研发工程师的级别是F，因为这个公司是做机械设备的，在研发方面有研发经理和研发工程师之分，研发经理掌握专业技术的程度要达到G，而研发工程师能达到F就足够了。

因此，对于某个岗位进行评级时，打分不同是很正常的。我们不求结果统一，只求思维逻辑统一。

（2）第二个维度：管理的技巧

管理技巧通常指在企业管理运营当中涉及的协调技巧，以及在各种管理环境下处理问题方面的技巧。在管理界有一个术语叫"PDCA"，即计划、实施、检查、行动的能力。实际上管理者要掌握的就是计划能力、组织能力、执行能力、控制和反馈、举一反三的能力。管理者的能力可以从两个维度来看，一个是所需的管理能力和技巧的范围，即广度；另一个是所需的管理能力和技巧水平的水平，即深度。这里可以把它设为A（起码的）、B（相关的）、C（多样的）、D（广博的）、E（全面的）五个标准，然后根据职位的需要，去衡量一个人管理能力的广度和深度、范围和水平。

比如一个事业部的经理或者负责打头线的副总，属于多样的，他们要决定一个大部门的方向，对这个部门是有决定性影响的，同

表 4–2　管理能力和技巧水平

等级	说明	举例
A. 起码的	仅关注活动的内容和目的，而不关心对其他活动的影响	会计、分析员、一线督导、一线经理、业务员
B. 相关的	决定部门各种活动的方向、活动涉及几个部门的协调等	部门主管、执行经理
C. 多样的	决定一个大部门的方向或对组织的表现有决定的影响	助理副总、副总、事业部经理
D. 广博的	决定一个主要部门的方向，或对组织的规划、运作有战略性的影响	中型组织CEO、大型组织的副总
E. 全面的	对组织进行全面管理	大型组织的CEO

时对整个组织也是有影响的。“全面的”一般适用于大中型企业的总裁、CEO或者类似总经理的职务，规模稍微小一点的属于“广博的”就可以，不需要是“全面的”。

那么财务部经理呢？大部分中国民营企业的财务经理只是记记账，实现最基本的会计职能。而大型公司涉及全面预算，财务经理要协助总经理做财务规划和战略分析，这就不是小企业财务经理所能解决的问题了。这样的财务经理就类似财务总监了，能力很强，至少是“广博的”。中国民营企业的老板，80%以上是做营销出身的，这就导致中国的民营企业具有两个特点：一是野蛮生长的能力特别强，逢山开路、遇水搭桥能力很强，不管环境多么恶劣，都能茁壮成长；二是管理能力不足，因为做销售讲究的是跳跃性思维、观点性思维，而逻辑性思维相对来说就差一点。随着企业不断发展，管理的瓶颈问题会越来越大，因为企业的性格就是企业家的性格，企业家的能力就决定了企业的能力。除非企业家很超脱，真的能够放下自己，把企业对外化，使每个岗位都能找到合适的人（当然股权激励就能帮助解决这个问题）。

在国外世界500强企业里，至少有40%的CEO是从CFO（首席财务官）晋升上来的。这在中国的企业看来是不可思议的，有几家企业敢把财务经理提拔为公司的总经理来负责全盘呢？那么为什么国外的世界500强企业敢于提拔CFO做总经理呢？因为国外的很多大中型企业，CEO懂得太多了，要做的事情都是全面性的、规划性的。比如说他们要在中国开办一个投资20亿美元的工厂，那么首先会召集几个部门的高管开会——CEO肯定要参加；CFO也要参加，做好财务预测和规划；CHO（首席人力资源官）也要参加，做好人力资源规划和筹备……苹果公司原领导人乔布斯仙逝以后，他的接班人是蒂姆·库克，蒂姆·库克原来是负责物流与供应链的高级副总裁，最后却做了苹果公司的首席执行官。为什么苹果公司没有从销售系统提拔一个销售总裁来做首席执行官呢？因为对于这种大中型企业来讲，他们的管控和后台支持比营销更重要。

因此，在不同情况下，企业的岗位要求也是在变化的。一般来讲，80%的企业的财务经理岗位评级不是B就是C，能够达到D的不多。在不同的公司里，用的标准是不同的，只要适合自己公司就可以。

（3）第三个维度：处理人际关系的技巧

处理人际关系，指的是沟通、协调、关系处理等方面的能力，匹配的关键主要是根据所辖人员的多少、同事或者下属的述职要求、接受的时间和频率来综合判断，标准有三项——第一是基本

表 4–3 处理人际关系的技巧

等级	说明	举例
A.基本的	在组织内与其他员工进行礼貌和有效的沟通，以获取信息和澄清疑问	会计、调度员、打字员
B.重要的	既要理解他人的观点，也要有说服力以影响他人的行为、改变他人的观点或处境	订货员、维修协调员、人力资源助理
C.关键的	对于需理解和激励人的岗位，需要最高级的沟通能力。需要谈判技巧的岗位沟通技巧也属此等级	人力资源经理、小组督导、大部分经理、大部分一线督导、CEO

的，第二是重要的，第三是关键的。

“基本”的，比如调度员、会计。而人力资源经理、大客户经理，一般属于“关键”的。处理人际关系的技巧，跟职位高低没有必然的联系。职位高，未必表示与之打交道的人多；职位低，未必表示与之打交道的人少。处理人际关系的技巧主要是从他跟别人打交道的范围和频率来衡量。人力资源部经理虽然在公司的职位并不是很高，但是打交道的范围很广，需要跟上司、下属、同事，跟公司的各个部门打交道，如果公司小，基本上要跟每个人打交道，所以他在人际关系技巧里的评分是最高的，属于C甚至更高。

二、解决问题的能力

如果说前面提到的都是“原材料”问题，那么我们现在进入“生产”阶段。我们让这些岗位掌握这些知识和技巧，是要实实在在解决问题的。解决问题的能力指的是在工作中发现问题，分析诊断问题，提出对策，权衡评估，做出决策方面的要求。

解决问题的能力对于管理人员来说非常重要。很多管理者，虽然才华横溢，但是实际解决问题的水平却不高。

解决问题又分为两个维度：一个是思维的环境，一个是思维的难度。

（1）第一个维度：思维的环境

思维的环境，评分的关键包括：遇到问题时，你是否可以向他人请教，或者从过去的案例中得到指导？思维的环境可以分为高度常规的、常规的、半常规的、标准化的、明确规定的、广泛规定的、

表 4–4 思维的环境

等级	说明
A. 高度常规性的	有非常详细和精确的法规和规定作指导并可获得不断的协助
B. 常规性的	有非常详细的标准规定并可立即获得协助
C. 半常规性	有较明确定义的复杂流程，有很多的先例可参考，并可获得适当的协助
D. 标准化的	有清晰但较为复杂的流程，有较多的先例可参考，可获得协助
E. 明确规定的	有明确规定的框架
F. 广泛规定的	有广泛规定的框架，某些方面有些模糊、抽象
G. 一般规定的	为达成组织目标和目的，在概念、原则和一般规定的原则下思考，有很多模糊、抽象的概念
H. 抽象规定的	仅依据商业原则、自然法则和政府法规进行思考

一般规定的、抽象规定的，等等。比如“高度常规的”，就是有非常详细和精确的规定的。打分的关键是看这个岗位的任职者，在什么样的环境中解决问题，是有明确规定的，还是规定越来越少的？

比如，公司的后勤主管，他的思维环境一般是“常规的”和“半常规的”。实际在越完善的企业里规定越详细，越不完善的企业里规定越不详细。

比如，对于研发人员来说，每家企业情况不同。如果是普通研发人员，大多属于广泛规定的，一般都有广泛规定的框架，框架不可能没有，也不可能太多，可以根据自己企业的情况判断。

（2）第二个维度：思维的难度

思维的难度包括这几项：重复性的、模式化的、中间型的、适应型的、无先例的。思维的难度，实际上指的是在这个岗位上进行创造性思维所要突破的屏障。也就是说，在这个岗位上，是需要一些创造性和突破性的思维，还是不需要创造性和突破性的思维。

表 4–5　思维的难度

等级	说明
A. 重复性的	特定的情形仅需对熟悉的事情做简单的选择
B. 模式化的	相似的情形仅需对熟悉的事情进行鉴别性选择
C. 中间型的	不同的情形，需要在熟悉的领域内寻找方案
D. 适应性的	变化的情形要求分析、理解、评估和构建方案
E. 无先例的	新奇的或不重复的情形，要求创新理念和富有创意的解决方案

比如说重复性的特定情形需要对熟悉的事情做简单的选择；模式化的基本上有相似的情形，标准都比较成型了，只要做一个选择

和鉴别就可以。难度最大的就是没有先例的。

比如品质检验员，属于重复性的、模式化的比较多。品检很多有IQC（来料控制）、IPQC（制程控制）、OQC（成品出厂检验），有进货检验、过程检验、制成检验、出货检验。如果是来料检验、出货检验，只不过是从几个维度判断，基本上属于重复的。但是做IPQC或者QE（制程品质控制能力分析与品质改良）工作的，基本上就属于模式化的，难度会稍微高一点，因为会涉及整个制程之间的关联性和判断性事务。

销售代表，属于中间型的比较多，也有的属于适应型。一般的企业销售代表达到中间型就行，比如找方案，但如果是做方案，销售代表的职位要求就是适应型了，掌握的东西完全不一样，思维的难度也不一样。

三、职位应承担的责任

"职位应承担的责任"分为三个方面：第一，行动的自由度；第二，职位对后果所起的作用；第三，职位的责任。

（1）行动的自由度

行动的自由度，指的是该职位在多大程度上对其工作进行个性的指导与控制，就是管理的人多不多。行动的自由度可以分为：有规定的、受控制的、标准化的、一般性规定的、有指导的、方向性的。职位越高，行动的自由度越大，有时候自由是以承担责任为代价的。

比如战略发展部或者企划部，大多属于"一般性广泛"和"战略指引"的。做战略规划不可能有非常具体的方案，就是根据

表 4–6　行动的自由度

等级	说明	举例
A. 有规定的	有明确工作规程或者有固定的人督导	体力劳动者
B. 受控制的	有直接和详细的工作指示或者有严密的督导	普通维修工、生产线工人
C. 标准化的	有工作规定并已建立了工作程序，并受严密的督导	一般文员
D. 一般性规范的	全部或部分有标准的流程、一般工作指示和督导	秘书、会计
E. 有指导的	全部或部分有先例可依或有明确规定的政策，也可获督导	大多数专业职位、部分经理、部分主管
F. 方向性指导的	有相关的政策，但没有具体描述，需决定其活动范围和管理方向	某些部门经理、某些总监、某些高级顾问
G. 广泛性指引的	有粗放的政策和目标，多为抽象的、概念性的描述	某些执行经理、某些副总助理、某些副总
H. 战略性指引的	有组织政策的指导，法律和社会限制，组织的委托	关键执行经理、大型组织副总
I. 仅有一般性指引	仅有商业原则、自然法则和政策法规做指引	大型组织CEO

公司的发展和公司领导人的指示，进行“广泛性指引”或者“战略性指引”。

比如薪酬专员，一般属于“有指导的”。中国的民营企业里，目前最缺两类人才：一是做销售管理的，二是做人力资源管理的。过去是大量的内地中西部人才往东部地区转移，现在反过来了，是大量的东部沿海地区人才向内陆转移。中国的民营企业发展到今天，有很多在人力资源管理方面是比较薄弱的。现在市面上的很多培训课程，都跟人力资源有关，甚至有些管理专家会将“有没有专业的人力资源经理”作为企业管理成熟与否的判定标准。人力资源管理分为几个模块：招聘、薪酬、培训、绩效、员工关系处理以及人力资源规划。有些企业规模发展得非常大时，人力资源部往往会把这些板块分成专项来管理，设置专门的薪酬专员、考核专员、招聘专员等，有的大企业甚至要设置薪酬小组，薪酬小组大约有20人，天天忙于计算薪酬、设计薪酬方案等事宜。也有规模小的公司，集招聘专员、薪酬专员、绩效专员等于一身——只有一个人力资源部经理，厚道一点的企业家会给他配个助手，不给配的就一个人忙到手脚抽筋。因此，同样是薪酬专员，每个企业的情况也是不同的。

（2）承担职位的责任

承担职位的责任，通常指的是你在做事的过程当中，你的职位所产生的行动对最终后果可能造成的影响，而并不是指你的权限。并非说一个职位权限多大，这个职位所履行的职责就多大。

一个职位的任职人员所承担的责任大小，是考虑到这个人一旦出现工作失误，会给企业造成什么样的损失。一般来说层级越高，责任就越大。为职位责任打分划的等级为：微小的、中等的和巨大的。这些实际上指的是经济后果。微小的责任，出现失误时会给你带来不便；中等的责任，失误时会造成一种风险，或者是一种重大的损失；再高一级就是巨大甚至毁灭性的影响。

比如仓库管理员。一旦他的工作出现失误，会给其他部门的

表 4–7　承担职位的责任

等级	说明
A.微小	为其他部门的工作提供服务。一旦工作出现失误，会给其他部门的工作带来不便
B.略有	对实现企业的发展战略提供支持性服务。一旦工作出现失误，会造成其他部门工作效率的损失
C.中等	对实现企业的发展战略起到重要作用。一旦工作出现失误，会造成战略执行的偏差，或管理成本的徒增，或业务收入骤减，或重要客户资源丢失，或造成其他重大风险
D.巨大	制定企业的发展战略，位于企业的决策层。一旦工作出现失误，会给整个企业的发展造成重大经济损失

工作造成损失，但是不会出现巨大的风险，所以一般来说属于“中等”的比较多。

比如生产部经理，属于“中等”的会比较多。有的企业里，这个岗位一旦出现失误，就会造成成本陡增。有些企业里，生产部经理管的人和事非常多。比如富士康，一个经理级别的要管几千人，龙华厂区一个台资经理甚至可以管 5 万人。一般的企业里，生产部经理也就管几十人。

（3）职位对后果的影响

职位对后果的影响，分为几个层面：后勤（微小的）、辅助（次要的）、分摊（重要的）、主要（主要的）。简单来判断，就是公司出现问题时，这个岗位是否容易推卸责任？越不能推卸责任的，越是主要的。

比如文员、门卫，一般属于“微小的”。人力资源经理、工程

表 4–8 职位对后果的影响

	等级	说明	举例
间接	A. 后勤	这些岗位因为向其他岗位提供服务或信息对职务后果产生作用	某些文员、数据录入员、后勤员工、内部审计、门卫
	B. 辅助	这些岗位因为向其他岗位提供重要的支持服务而对结果有影响	工序操作员、秘书、工程师、会计、人力资源经理
直接	C. 分摊	此岗位对结果有明显的作用	介于辅助和主要之间
	D. 主要	此岗位直接影响和控制结果	经理、总监、副总裁

师属于“次要的”。总监、副总裁这些比较重要的职位则属于“主要的”。介于“主要的”和“次要的”之间的，就是“重要的”。对于行政助理，则没有统一答案，因为不同公司的行政助理职位相差很大。

四、职业形态在海氏评估系统中的作用

在海氏评估系统里，职业是有形态的。它把企业里不同的岗位分为不同的形态。比如，有些职位承担职务的责任，比它所拥有的技能乃至解决问题的能力更重要，因此把这种职位的形态叫作“上山型”；有些职位掌握技能、知识、业务水平以及解决问题的能力，跟其承担职责的责任是一样大的，因此把这种职位的形态叫作“平路型”；有些职位所承担的责任比它所掌握的专业知识要小很多，因此把这种职位的形态叫作“下山型”。一般来说，总经理的责任比能力更重要，因此属于“上山型”；普通的技术人员、财务专员、成本会计、薪酬专员，掌握技能比承担责任更重要，因此属于“下

山型”；财务经理的专业水平与承担责任的重要性基本相当，因此属于“平路型”。

职业形态是“海氏评估系统”非常重要的思想基础，根据职位的形态，对于知识、技能、技巧和解决问题的能力，以及相对应的职务职能，这种不同的对比和权重，就构成了分数的应用。

比如分数A、B、C，它们对应出来的结果，还会有一个岗位因素权重的选择。职业形态实际上是这个权重分配的基础，正是因为有了职位形态的区分，才有了岗位因素的权重分配。权重分配跟上山型、平路型、下山型的职业形态相关。比如研发部经理，他的知识水平和解决问题的能力，与他所承担职务的责任，比例大约为7 ∶ 3，这个数值怎么使用？假如经过海氏评估系统的测算，他的知识水平和解决问题的能力得分为A=1 656（分），解决问题的能力是B=87%，承担职务的责任得分是C=1 056（分），α 为60%，将这些数值套入公式 $\alpha \times A + a \times AB + \beta \times C$，综合得分为1 067分。那么1 067分就是这个岗位的分值——我们根据三个维度和八个子维度，再加上职业形态和评估出的两个百分比，就计算出了研发部经理岗位的具体分值为1 067分。

对于每个岗位，我们成立一个多人组成的评估小组分别来做评估，对于所得到的一组分值，可以做加成平均，最后得出每个岗位的分数。比如说研发部的岗位得分是1 364分，假设公司拿出20万股做明年的预售分红，那么用1 364分除以所有评估出来的岗位的分数总和，再乘以20万股，就等于研发部的预售分红股数，即27 486股。假设不是20万股，而是拿出20万元奖金来分配，那么研发部的预售奖金为27 486元。

1 364分，这个数值是怎么得来的？评分得来的，但不是一次性得到的，要一步一步来走流程，要成立一个评估小组，进行多次评估。

岗位评估的目的，不管是发奖金、在职分红还是注册股激励，首先要列出来这些岗位的名称和激励目的。下面会讲很多激励方法，每个人都要考核，有进入，有退出，有预售。这些不同的方法要达到不同的目的，不同的激励目的决定了使用不同的激励方法，不同的激励方法适用不同的激励岗位。对岗位做描述，是为了让评估小组明确，这个岗位是做什么的，怎么评估它的知识水平和技能技巧？怎么评估它解决问题的能力？怎么评估承担职务的责任？一个企业如果连岗位都描述不清楚，那么管理是很有问题的。

解决了岗位描述的问题后，就要组建专家团，那么专家团都由哪些人组成呢？比如要激励研发部经理、采购部经理、生产部经理、销售部经理、财务部经理、物流部经理、人力资源部经理这七个岗位。怎么组建专家团，从哪里请这些“裁判员”？第一，评价哪个岗位，就让哪个岗位的负责人也参与进来，最好由现有岗位的对应人员作为专家。也就是说，让现任研发部经理、采购部经理、生产部经理、销售部经理、财务部经理、物流部经理、人力资源部经理参加进来进行评估。每个人既评估自己的岗位，也评估另外六个岗位。第二，企业家也可以参与进来。企业家有宏观的视角，可以站在企业整体的角度来探讨这个问题。第三，专业的培训讲师和咨询顾问也可以参与进来。这么多人参与进来，评估的专业性就有所保障了：一方面，谁负责，谁评估；另一方面，从企业家或者专业的角度来评估。但是有一点，专家和企业家可以不参加，但是在职岗位的被评估者一定要参加。不必担心被评估者出于私心给自己打分很高，或者某个专家因为与被评估者有个人恩怨而恶意打分很低，因为专家们打完分之后会去掉一个最高分、去掉一个最低分，以保证公平。

一般来说，用海氏评估系统得出的分数，与自己想象中的估值差不多，这并不是白费力气，而是让被评估者体会了当家做主的感觉。要让员工真的做到自动自发，让每个员工都把公司的事业当成自己的事业一样奋斗，首先就要让员工来参与决策，这是一种非常高明的经营智慧——把企业经营成大家的，而不是把钱送给大家，让大家都感受到企业跟自己息息相关。

组建好专家团之后，就可以试行“海氏评估系统”了。为什么要做试评估呢？在这个过程当中，大家要通过磨合和体会来掌握标准。而且要树立一个标杆岗位，先只评估一个标杆岗位。第一轮假设拿研发部经理岗位做评估标杆，那么所有的专家先评估研发部经理岗位。标杆的作用是统一标准，这很重要。

最后产生各岗位的评估分值。如果评估之后，对于这些岗位的分值，大家觉得比较正常，那就可以形成报告了；如果感觉某个或者某些岗位分值不正常，比如发现人力资源部经理岗位是 3 000 分，销售部经理岗位才 300 分，相差悬殊，那么肯定有问题了，就要重新评估。如果有重大偏差，甚至偏差到不可思议、超出想象，就说明岗位职责描述这一环节有问题了。所以这里评估非常关键的一点，就是要从源头抓起，对这些岗位的职责描述要非常清楚，大家评估的过程当中才有清晰的标准。不要小看岗位职责描述，很多企业“不做不知道，一做吓一跳”，会发现很多岗位在做跟岗位有偏差的事情，有些人总是做些“没有营养的事情”。什么叫“没有营养的事情”呢？这个岗位该做的事情没有用力做，在做的多是不该做的事情。最容易犯这个错误的是企业家。对于每一个岗位，什么是该干的，什么是不该干的，什么是主要负责的，什么是次要负责的，一定要明确。

在这个评估过程中，有一些注意事项。

第一，评估一定要本着客观、全面、公平的原则，不允许互相讨论和抄袭。

第二，评估者要有领导者思维。也就是说评估一个岗位的时候，不能站在单个岗位的立场，而是要站在公司领导者的立场，从整个公司的战略层面，用全局的眼光来客观看待这个岗位对公司产生的价值，以及公司整体发展层面对这个岗位的要求。“不谋万世者不足谋一时，不谋全局者不足谋一域”，就是这个道理。

第三，标准必须是唯一的。这里所说的“标准唯一”，并非指不同专家互相之间的标准要唯一，要统一标准，而是说每个人自己的评估标准要唯一。

举例来说。比如你是跳水比赛的裁判。运动员郭晶晶第一个出场，你认为她的转体三周半动作得分是 9 分。第二个出场的是李晶晶，她的跳水动作也是转体三周半，但是她比郭晶晶好一点，那么以郭晶晶为参照，你可以给李晶晶打 9.1 分。第三个出场的是刘晶晶，她跳水时你要参照的是郭晶晶而不是李晶晶，假如刘晶晶比郭晶晶跳得差一点，那么你可以打 8.9 分，假如刘晶晶比郭晶晶跳得好两点，那么你可以打 9.2 分。

很多人在给刘晶晶打分的时候会犯错误，因为把参照的标准搞错了。人有惯性——就近原则，不知不觉就会拿上一个做比较——评估B的时候参照A，评估C的时候参照B。就好比传话一样，A跟B说家里丢了一只鸡，B跟C说丢了一头猪，传到最后就成了丢了一个人……以讹传讹不断放大。信息在传递的过程中，经过的点越多，信息被误导的可能性就越大。评估也是同样的道理。因此，不能参照前一个为标杆，而要参照唯一的标杆。

总之，每个人不用跟别人统一标准，自己统一标准就可以了；自己统一标准后，所有后来的评分都要以第一个为参照物，而不是以前一个为参照物。

第四，评估过程中要及时反馈。如果评估过程中发现某个数值非常不正常，有严重偏差，那么要及时反馈、重新评估，千万不要等到最终结果算出来时再返工。及时反馈，一方面能立刻纠正马上重新评估，另一方面能节约评估的人力、物力和错误的机会成本。

第五，过程要保密，结果要公开。评估的过程中拒绝讨论和抄袭，即过程中是要保密的，但是结果不能保密，结果是要公开的。

第六，要多练习，勤体会。评估中会有一些感知类的判断，这种感知性的内容需要多去体会。

这样，就得到了海氏评估系统的分值，不过这还没结束，通过这些科学的演练，我们把分数评估出来，但还会有新的问题，就是如何结合企业的现状去使用。

一般来说，西方成熟型的企业，做岗位价值评估的过程非常科学，因为每个岗位的职责描述都很清楚；一个人能否胜任这个岗位，则有专门的胜任力模型来评估，因此对“萝卜”和“坑”的评估都很完善。中国大部分的民营企业，却做不了胜任力评估，即使评估出来也未必科学，因为这些企业可能还没发展到一定程度。

管理不要复杂，要简单一点，因为做制度、做流程、做考核，其实都会制约企业的效率。跨国公司是最严谨的，管理制度是最规范的，但效率也是最低的，有时候一个决策要经过一个月才能做出，而民营企业的老板可能一分钟、一句话就能搞定。为什么家族企业创立的时候效率最高？因为不需要制度，不需要流程，不需要控制，所以反应速度是最快的。等企业规模扩大了，家族企业就会碰到一些瓶颈，因为组织结构复杂了，员工数量多了，所以就要通过制度、流程、考核等来加强管理。因此，企业的形态不同，管理模式就不同。

实际上越高效、越规范的管理，所付出的代价越大。这就好比吃药，再好的药都有副作用。只不过企业刚开始创业的时候没有什么“病”，慢慢做大了，“病”也越来越多。因此，企业做管理，做人力资源管理，不要搞得太复杂了，在现阶段大部分企业可能还不适合做胜任力模型评估。能够把海氏评估系统做好，结合自己企业的情况使用好就可以了。那么都有哪些结合的方法呢？举例来说。

第一种情况。研发部经理、采购部经理、销售部经理等七个岗位，评估出了七个分数，公司总共拿出 20 万股做股权激励，于是通过这些数据计算得出：研发部经理分到 4 万股，采购部经理分到 3 万股，生产部经理分到 3 万股，销售部经理分到 5 万股……但是对于这个结果，生产部经理可能心里会不舒服：采购部和生产部岗位都分 3 万股是合理的，因为我参与评估了感觉分数很合理；但是我在企业都工作 10 年了，而采购部经理才在企业工作了两年，就跟我分得一样多吗？因此，具体的数额，可以与工作的年限有关联。

第二种情况。研发部经理这个岗位的分数已经评估出来了，但是目前研发部经理的岗位是空缺的，暂时由某个研发员来做副经理主持部门工作，那么跟正职的额度就会有所不同。

这两种情况下怎么处理?

第一种情况：工龄系数的处理

根据你的企业具体情况设置一种胜任力待定。为了让别人看得懂，我们可以从这些系数里来做待定。比如可以设置工龄系数。假设研发岗位的预售是 5 万股，如果在该公司工作满 4 年，系数为 1，工龄每多 1 年系数增加 0.05，系数上限是 1.5。那么工作 4 年可预售 5 万股，工作 5 年大概是 5.25 万股（5 × 1.05），工作 20 年是 7.5 万股（按照上限系数 1.5 算，5 × 1.5）。这个工龄系数可以根据企业的情况自行设置，但一定要设定上限，哪怕工龄 20 年了系数也最多是 1.5。既要考虑员工对企业过往的贡献，考虑到员工的忠诚和长期付出而给予价值奖赏，又不能把这个贡献无限放大。假设 4 年为一个周期，那么没有做到 4 年，比如只做到 3 年，那么系数可以减 0.05，这样就需要设定下限，比如说 0.8 为止。

但是需要注意的是，做激励时要少用减法多用加法。“由俭入奢易，由奢入俭难”，这是人性。假设我开公司，我可以设定两年的工龄系数为 1，两年以下的工龄系数都为 0，没有 0.8 的系数，也没有 0.95 的系数，但是两年以上开始做加法——1.1，1.5……没有减法，这很重要。再比如，“3 000 元底薪+2 000 元浮动工资”的模式，在很多企业执行得很失败，因为员工会认为是老板抠门儿：本来是月薪 5 000 元，左扣右扣扣到了 4 500 元。员工不会认为 4 500

元是 3 000 元加上去的，而认为是 5 000 元减下来的。如果换一种模式，工资为 3 000 元，做到某一步加 1 000 元，再做到某一步，再加 1 000 元……全是加法，没有减法。同样都是拿到 3 500 元，做减法拿到 3 500 元和做加法拿到 3 500 元，感觉完全不一样：前者认为是 3 000 元以外多赚了 500 元；后者认为老板太抠门，扣了 1 500 元搞得只剩下 3 500 元。

"少用减法，多用加法"，掌握不好这个原则，再好的绩效模式都是没有用的，考核指标设计得再科学，标准和流程设计得再完善，都起不到预期的作用，因为执行制度的人的问题没有解决，治标不治本。所以做股权激励，要对人也要对事。鸡蛋从外面打破，变成煎鸡蛋；从内部打破，叫生命的成长——成了小鸡了。同理，企业做管理，一定要从原来完成任务的压力导向，变成一种激发员工主动性和创造力的成长导向。有时候管理是非常难的工作，"制度是死的，管理是艺术"，因为管理是针对人的，人的心态很重要。今天的员工不是为工作而工作，而是为心态而工作，看不到这点，企业的管理就很难轻松。

股权激励其实是分钱的艺术，当然更是治理的智慧，分钱这件事是非常讲究的，分的就是心态——钱多未必能分好，钱少未必分不好。这就是制度的设计，制度的设计要以员工的心态和需求为导向，所以做企业要多琢磨这些本质的东西。

第二种情况：职位系数的处理

假设在正常的情况下，总经理岗位评估的是 5 万股激励，系数为 1。如果由副总经理代理这个岗位，系数可以是 0.7；如果由总监代理，系数可以 0.5（系数的具体大小根据企业实际情况来设定）。

假设由副总经理张三来代理总经理岗位，经海氏评估系统得出的总经理岗位预售激励额度为 5 万股，工龄系数以 4 年为一个基数 1，工龄每增加 1 年，系数就增加 0.05，张三的工龄为 8 年，工龄系数为 1.2（1+4×0.05），职位系数为 0.7，因此张三所获得的预售激励额度为 4.2 万股（5×1.2×0.7）。这里强调一下，最高能不能达到 4.2 万股呢？如果是在职分红，会有在职分红考核方案：如果考核方案得到的系数为 1，就能拿到 4.2 万股；如果考核方案得到的系数为 0.8，就能拿到 3.36 万股（4.2×0.8）；如果考核方案一票否决系数为零，就取消分红资格，什么都拿不到了。

因此，从这个角度来说，股权激励还是绩效考核的一种。要掌握好这个思路。当然这两个例子只考虑到两个系数，一个是工龄系数，一个是职位系数。在你的企业里完全可以增加系数的种类，实际情况下需要什么系数就增加什么系数，可以设置很多类似的调整办法，根据行业特征和企业特点大胆设定。既可以删除某些系数，也可以增加某些系数，关键看企业发展到什么阶段，商业模式、人员结构有什么特点。

海氏评估系统对于下面要提到的各种股权激励方法起一个基础性的作用。海氏评估系统解决的是预售多少额度问题，而最终能不能拿到这个额度，则取决于考核的结果。下面要讲的超额利润激励、在职分红激励，都有相应的考核方法，根据考核的结果来确定最终所能拿到的股份。预售实际上解决的是公平性问题，最终能不能拿到要看考核结果。考核的目的，不是为了算计和压榨员工，而是为了激励他们更好地达成工作目标。因此，股权激励的关键在于激励，不在于股权；绩效考核的目的不在于考核，而在于帮助员工达成目标。

如果岗位的价值评估问题解决了，岗位的胜任问题也解决了，胜任的工龄系数、职位系数都算出来了，但是员工的能力还是不行，怎么办？多参加培训。培训之后能力还是不行，怎么办？换人吧。

海氏评估系统，不仅可以用于股权激励，还可以运用于很多方向，比如奖金的分配、薪酬福利的设定，每个激励对象给多少额度，都可以用海氏评估系统来确定。

第五章

绿色塔基激励：特殊角色的激励方案

"尽人之力，同进共退。"
无论你有多么强大，自身的资源总是有限的，只有整合利用各方资源，群策群力，形成利益共同体，才能不念过往，不惧将来。

“七子连珠”——针对企业上下游的激励方案

我们清楚地知道，无论企业有多强大，自身的资源总是有限的，所以一定要对社会资源进行整合利用，调动社会各方的力量为己所用。而快速调动社会资源的最好方法，就是做好对企业上游和下游的激励。

百丽是中国鞋业里的知名品牌，在中国有近万家专卖店，那么百丽是怎么成功的呢？典型的通过激励上下游。百丽的掌门人本来是国家公务员，退休之后觉得人生总要干点事，于是找了几个人一起合作，设计鞋子后找一些工厂生产，卖得不错，后来就开了一家旗舰店。旗舰店做得也很好，于是开始在全国各地整合销售渠道，并且希望未来有一天企业能成为上市公司。销售商就问：跟百丽合作，我们能有什么好处呢？很简单，你进百丽的产品，销售百丽的产品，你就可以变成百丽的合作单位，比如成为百丽的分公司。假设将来百丽成功上市了，你就可以跟百丽合并报表，你在百丽总部哪怕只占了很少一点的股份，一旦百丽上市，你就能成为千万富翁甚至亿万富翁。于是百丽得以对下游的销售渠道快速整合。

渠道整合之后，百丽又去找上游的供应商，总经理亲自出面，去类似福建厦门一带专门做鞋子的工厂，游说工厂的老板们跟百丽合作。怎样合作呢？产品研发和设计由百丽来做，工厂只负责生产，而且生产的产品百丽全都包销。但是有两个要求：第一，百丽要派品质总监到厂里监工，对产品的质量进行把关；第二，百丽要派财务总监监督厂里的财务，厂里创造利润的51%要归百丽所有，剩下的49%的利润归厂里所有。那么百丽能为工厂带来什么好处呢？就是工厂可以成为百丽准上市公司的股东，如果百丽不上市，工厂可以把应得的利润统统拿走，没有任何风险，百丽一旦上市，工厂的获利就非常可观了。利用这种方式，百丽又把上游的供应商捆绑在一起。

上游和下游的资源，百丽原本都不具备，但就是用股权激励的方式，让三方走到了一起，百丽的销售额很快猛增，后来在香港成功上市，融资的额度也非常高，一直走到今天。百丽已经成为中国服装鞋帽品牌中一张闪亮的名片。

所以，要想真正把一个企业做好，必须进行全方位的思考，不仅要做好企业内部的激励，而且要做好企业上下游的激励。在这里，要说明做总经理的三重境界，因为如果达不到一定的境界，是做不了对企业上下游的激励的。

做总经理的三重境界

做总经理有三重境界。

三流的总经理是“尽己之能”，经营自己的一见之得、一专之能、一技之长，可以称为“小我”——只关注自我的需求，以自利为导向，工作能力出众并且身先士卒。具有战略的规划能力、模式的设计能力、渠道的开拓能力、财务的管控能力等，在自己的经营能力范围内，凭着小聪明、小智慧，可以混迹江湖，做到富甲一方，光宗耀祖。

二流的总经理是“尽人之力”，有机制，有系统，能让有能力的人将自己的能力释放出来，可以称为“大我”。这个层面的股权激励就不局限于企业内部的员工和股东，而是可以扩大到上游的供应商、下游的经销商，还可以面向政府、银行这些相关机构，甚至是横向的同行，做到行业兴旺，大于个体繁荣。

一流的总经理是“尽万物之力”，可以称为“无我”——关注天下众生需求，利用天下万事万物，“洞见实相，拥抱功德”，运筹帷幄，决胜千里，山川河流、天气万象皆可为其所用，这是最高的境界。

因此，一个有大智慧的总经理应该不断从三流境界往二流境界进而向一流境界提升。

企业对上下游激励的七个步骤

那么如何对上下游进行激励呢？下面来介绍对上下游激励的七步法。

第一步：必须坦诚告知激励对象，激励他们的起心动念。

你为什么要跟上下游合作，你的目的是什么？这需要坦诚相告，越坦诚越好，越真实越好。如果不够真实，未来必然会栽在自己挖下的坑里。所以你的初心必须是端正的。

第二步：必须讲明企业发展的趋势背景。

要跟上下游讲清楚你的企业发展的趋势背景。趋势背景包含哪些内容呢？大到国际形势，中到国家的宏观政策，小到行业的未来发展，再细到团队的优势资源。讲解趋势背景的时候，一是要把话题讲清楚，二是最好配上图片，而不是只用文字来描述，图文并茂才能直指人心。

第三步：必须让被激励对象明确公司的营利模式。

必须要让被激励对象明确公司的赢利模式，也就是说靠什么来赚钱。而且这种赢利模式一定是跟同行相比有所不同，更具吸引力。

第四步：必须让被激励对象明确公司具体的发展规划。

比如明确了赢利模式之后，具体是怎样一步一步推进的？团队如何组建？各个部门的工作如何开展？市场如何布局？产品具体怎么开发？客户服务如何创新？等等。

第五步：必须让被激励对象了解投入的回报及风险。

必须让被激励对象了解投入的回报及风险。回报自然越多越好，多多益善。投入的最大风险是什么，能不能承担，一定要让被激励对象心中有数。既要做最好的准备，也要做最坏的打算。

第六步：必须让被激励对象明确进入的条件。

要想合作，要想进入，都必须满足哪些条件？天下没有免费的午餐，既然想要有所回报，就要有所付出。

第七步：必须让被激励对象明确退出的机制。

让被激励对象明确，在什么情况下，他们可以退出。既然能够进入，自然也要能退出，进入和退出都是有条件、约定好的。

这七步看起来很简单，但是想执行得很好，却不是一朝一夕的事情。

下面以华一世纪公司为例，来阐释这七个步骤。

案 例

华一世纪上下游激励的七步法

未来的华一世纪，不仅要把华一的产品消费者变成华一的合作伙伴，变成华一的股东，还要把上游的产品研发者变成华一的股东，甚至还要把华一的同行变成华一的股东。

第一步，要让华一下游的产品消费者变成华一的股东。

当初华一提出过一个理念，就是在公司正式成立之后，每年的利润必须超过营业额（后端对高价值企业的投资收益大于前端的培训收入）。于是华一制定了“华一世纪客户一体化战略”，通过股权激励的机制来激励下游。

我们来看中国一些主要产业的背景。到目前为止，中国已经开放的产业里，前五位几乎都由外资公司控制。中国28个主要产业当中，有21个产业是外资公司拥有绝对多数的资产控制权。中国75%的化妆品市场为外资公司品牌做代言，80%的轿车零部件市场为外资公司品牌占有，93%的高端皮具市场为外资公司品牌占有，99.99%的碳酸饮料市场为外资公司品牌占有，日化、手机、发动机、操作系统等几乎全为外资公司所垄断。这就是目前中国主要的产业背景。一个国家的强盛程度取决于经济，而经济的盛衰取决于企业，企业强则经济强，经济强则国强。一个企业能够走多远、做多大，取决于企业家精神。一个企业家创办企业的志向是什么，是想为民族和国家做点贡献，还是仅仅为了赚点小钱养家糊口，买几套房子，买几辆好车？一个企业的盛衰，取决于企业家精神。在和平年代，两个国家之间的竞争，几乎就是这两个国家的企业家之间的竞争，因此企业家精神与国家强弱密切相关。中国的商业领袖，不是看他拥有多少金钱，而是看他为社会创造了多少价值。中国商业的未来，一定是一群群有志向的人紧密团结在一起，用生活的方式去成就一件件有意义的事情，而不再是每个人单打独斗了，这样既有利于企业自身发展，也有利于社会，有利于国家。

所以华一世纪为什么要给上游、下游包括同行股权激励？因为华一的全体同人愿意和一群群有志向的人紧密团结在一起，搭建一个支持企业成长的平台，用生活的方式去成就一件件有意义的事，创造财富，置业报国。

第二步，明确企业的市场定位。

华一世纪的年轻成员都有一个梦想，就是希望在有生之年能够成立四大商学院，而且这四大商学院的每一家，都可以和现在知名的中欧商学院、长江商学院媲美。所以华一要邀请众多的有识之士来跟华一共同创建四大商学院，并通过这些学院研发出能支持企业家成长的思想和体系，为企业导入培训和咨询服务，最终回归社会公益事业。

华一世纪的使命是：弘扬华夏文明，启迪商业智慧，支持企业成长，促进天人和谐。这个使命注定了华一人一生都要在教育行业勤耕不辍。

华一世纪的愿景，则是希望华一成为行业标准的制定者，不一定要成为第一，但是要成为唯一，在股权激励这个领域，成为行业标准的制定者，有朝一日成为世界一流的商学机构。

在我们的有生之年，则希望实现“百千万工程”之梦想。什么是“百千万工程”呢？第一，要通过四大商学院的组建，为中国的10万家企业导入股权激励课程，深化股权激励；第二，在这10万家企业当中，找出1万家企业，为其导入咨询服务，使其成为有社会责任感的公司；第三，在这1万家企业当中，华一会投资1 000家企业，可以以思想作为投资的资本，也可以用资本作为投资资本；第四，在这1 000家企业当中，支持100家企业成为未来的上市公司。当然华一有一个要求，就是投资的任何一家企业，都要为社会做一点公益慈善，比如以企业家的名义为社会捐助一所希望小学。那么投资1 000家企业，就能引发1 000名企业家，为社会捐赠1 000所希望小学。百家上市公司，千所希望小学，万家合作单位，这就是华一人一生的梦想。

假设我们这一生真的能实现这个梦想，无论生命多么短暂，都是有意义的。

中国的培训市场未来的发展走势与行业潜力是怎样

的？整个中国的培训市场，容量是千亿级别的，市场增幅每年超过30%，可以说市场是足够大的。目前中国的中小型民营企业在1 000万家以上，华一现在服务的主流对象也是中小企业，因为我们知道中小企业是中国经济的中流砥柱，所以华一对自己的定位就是，为中国的中小企业提供整体解决方案的供应商。不仅提供整体解决方案，还要成为未来上市主体公司行业标准的制定者。2010年到2011年，华一要成立有限公司，2012年要把有限公司变成股份公司，成为中国培训界第四家股份公司，希望在2016年到2017年间可以在海外上市，在2018年真正建立属于股权激励领域的行业标准，为中国股权激励领域做出自己应有的贡献。以上就是华一的战略定位。

那么华一的市场定位是什么呢？华一的培训服务只针对那些非上市公司的民营企业，而咨询服务是针对成长型企业的，投资则是针对那些有上市潜质的中小型企业。投资就是投人，投人就是投企业家，选对人就选对了一切，跟人决定前途，时间决定信任，在投入的同时，我们也关注另外三点：行业魅力、行业潜力与团队能力。假设一个企业的领导者有高度的前瞻性，为人慷慨大方、心胸豁达、真诚热情、一身正气，行业有潜力，团队还很棒，那就是华一投资的首选对象。

第三步，确定企业的赢利模式。

华一的赢利模式是怎样的呢？

首先，华一的培训服务能获得一点利润，这部分利润仅用来满足华一内部的高管和工作人员最基本的生活，华一的中层干部以上高管都享有股权激励，都有在职分红的资格。这部分培训利润不足以让利润超过营业额。其次，华一的咨询服务也能获得一点利润。培训休息时会有咨询顾问和学员随时交流，目的就是为了进一步明确学员的需求，希望能够为学员量身定做带有华一特色的咨询服务。这一部分利润，几乎都属于管理费，大部分让给华一的咨询师，也不是华一公司所关注的。那么公司关注什么呢？当华一发现有些企业非常好，领导者有魅力，行业有潜力，团队还有能力，于是就导入华一的整套系统，比如为他们提供战略规划、财务管控、企业文化设计、绩效管控体系的导入等，提供全面的解决方案。假设华一每年服务 10 家企业，这 10 家企业的资质很好，不但行业很有潜力，而且领导者很有魅力，团队很有能力，那么 5 年之后，华一服务的这些企业，至少有 20% 是在排队等着上市的。假设每年有两家公司上市，这两家上市公司的市值不需要太多，比如每家企业的市值为 80 亿元，华一在每家企业占 3% 的股份，就是 4.8 亿元，把这 4.8 亿元的股份卖掉，缴纳 20% 的个人所得税，还能有 3.84 亿元的纯利润。华一公司每年做 2 亿元的销售额就够了，每年找到 10 家企业服务就够了，把所有的销售利润返给经销商，返给代理商，返给华一的高层管理人员，返给华一的专业管理团队，但是华一只要服务好这 10 家公司上市，就可以有 3.84 亿元的纯利润。这样，利润就超过了销售额。

这里有一个未来赢利的预测。比如 2011 年到 2017 年，华一的销售额要远远高于利润；但是 2017 年之后，利润就要超过销售额了。华一公司是否能上市无所谓，只要华一服务的企业上市了，华一就能实现利润超过销售额，这叫成就别人的同时在成就自己。

第四步，企业未来发展计划。

假设要实现这个目标，华一世纪就要有一个产业布局，比如要成立投资公司，要成立培训咨询公司，要成立文化传媒公司。华一的第一个五年规划，比如说 5 年后销售额达到 10 亿元就可以了。其实不需要 5 年，3 年就可以达到这个目标，但是我们不想跑得太快，也不想活得太累，我们的步伐从容而优雅，5 年时间完成 10 亿元就可以了，对得起股东，也对得起华一的员工。要想达到这个销售额目标，要满足客户的什么需求？内部怎么运作？员工怎么学习成长？这是要逐步规划的。未来 5 年华一有怎样的产业布局？比如有投资公司，有传媒公司，有咨询公司，每一个板块都有业务定位，会在商业地产、能源环保、金融服务、工业发展、生态农业、健康养生、生物制药等各个领域展开。

第五步，实施客户一体化战略。

首先把客户分成课程客户、咨询客户、战略客户、投资客户。交了钱来学习课程的，叫课程客户。成为华一咨询服务的对象的，叫咨询客户。有些同学成为海洋财富联盟的会员，缴费10万元就能成为终身会员。成为华一的股东的，叫战略客户。你中有我，我中有你，交叉持股的，叫投资客户。如果细分的话，华一的客户又分为三类：客户、会员和股东。客户是学习联盟，会员是资源联盟，而股东是事业联盟、财富联盟。股东有三种权益：第一为股东权益，第二为增值服务，第三为资源优享。对于股东权益，华一会把最近几年每年利润的70%～80%拿出来给股东分配，实现高分红。华一的股权有可能增值，预计在两年左右会再次增发公司股份，最起码是3亿元左右。当然，也会有一些股东逐步退出，大概是以他们当年进入公司时候的3倍市值退出，这是一种不错的收益，对前面的股东有一个交代，后面的股东们又能继续向前发展。假设华一能够上市，股东不仅可以有股权溢价和上市收益，还能享有海洋财富联盟会员的一切权利，比如可以免费来华一世纪听课，享有华一世纪产品内部股东优惠价，还能跟其他股东互为智库。华一目前的股东有70多位，分布在不同的领域，都是很优秀的，如果自己的企业有点问题，股东们在一起交流沟通就解决了，这就是互为智库。华一的股东还可以优先接受投资，一方面优先成为华一内部的投资对象，另一方面成为优先投资者。华一的股东还享有标准化国际咨询。每年华一都会为股东企业量身定制企业发展规划。

第六步，吸引并招募股东。

那么怎样才能成为华一的股东呢？第一，必须参加过华一的股权激励课程，而且必须成为华一的“天机”课程学员，一起去周游世界。一个人如果没有见识，就永远没有胆识。要想真正成就一份霸业，必须最起码游历十个国家，世界各地游历多了，再回来看看中国，就知道未来往哪个方向走，再看看这个行业，就洞若观火了。第二，股份必须花钱购买。华一在全中国招募股东，10 万元起步，也就是说花 10 万元就可以成为华一的股东，上限则是 400 万元，但全中国目前只有三名有资格认购 400 万的股东，可以成为华一同创投资公司的董事。第三，必须具有一种奉献精神，要把自己这么多年的成功经验，跟其他股东进行分享，跟全世界的企业家分享。

第七步，明确股东退出机制。

那么在什么样的情况下，股东必须退出呢？比如，在竞争企业中兼职或就职，自行开一个与华一竞争的公司，引诱华一的核心高管离开公司，引诱大客户脱离华一，违背华一公司的章程，等等。

通过学习，有的人会学到一套真正能激励上下游的机制和体系，有的人立刻能发现另外一个商机——不是上下游的，也可以联合起来去成立投资基金，发现很好的项目后一起来投资，不仅是激励企业的上游、下游、同行，而是激励所有的人。

“金色降落”——针对公司元老的激励方案

中国的很多企业家，在善待老员工方面做得非常好，甚至是100多年前的山西人在股权激励方面已经做得很好了，只不过他们是典型的银股、身股制。所谓“银股”，就是企业家到工商局注册；所谓“身股”，就是职业经理人以技术、能力入股，以身为股。

下面来看曾经一度热播的电视剧《乔家大院》里的一个案例。

> 这个案例描述的背景是这样的：有一个老掌柜，即集团公司CEO顾天顺。这个老掌柜在公司效力了40年，他从20岁进入公司打工，到30岁那一年就被提拔成公司CEO了，在CEO位置上一直干了30年，在公司一共工作了40年，到60岁要退休的年龄了，就会有一些举动，因为再不捞点就没时间了。他的这些举动，按说凭任何一条都可以被公司立刻辞退的。但是这个CEO有恃无恐，说不但他自己打算离职，他还会带二掌柜、三掌柜等几个高管一起离职。面对这样的情况，公司的老董事长是如何解决问题的呢？
>
> 首先来看CEO顾掌柜，他从最开始就展现出了一种内在的强大，他说：我觉得这个大掌柜干得没啥意思，假设东家放我走，那我随时都可以离开，当然了，不但我离开，我还和二掌柜、三掌柜的说好了，我们一起离开。
>
> 老董事长了解了相关情况之后，就召开了一个会议，在这个会议上顾掌柜为害公司的举动一条一条完完全全地呈现出来。这时候CEO顾大掌柜就明白了，他已经犯了无法逆转的

错误。但他内心依然没有什么恐惧，他觉得自己这么多年来为公司做出了巨大的贡献，而且周围还有那么多人都在看着公司如何处置他。而最后的结果确实出乎他的意料，包括马荀的上台。马荀是一个伙计，即基层员工，他是个业务员，为人很正直，能力也很强。马荀从一个普通员工，被一步提升到CEO的位置，董事长的这个举动很厉害、很大胆。下边的人心里就不服了，说没想到一个伙计居然能当大掌柜，这个企业哪还有什么前途，你不让我走我也要走了。CEO顾大掌柜很有智慧，“我在复字号效力了40年，就是这样的下场”，这句话说得很有杀伤力，听到这句话，公司所有的职业经理人都露出了迷茫的目光：我们的未来在哪里?

这时董事长又出面了：顾爷，有几句话跟你讲，实际上我们完全能够理解，你当初虽然贪污了点银子，但你贪污银子的目的是为了给你的老母亲治病。你是个孝子，为了尽孝，你做什么事我们都可以理解，当然包括你任人唯亲。咱们公司内部是有管理制度的，任用私人必须有两到三个二掌柜联名担保才行，而你没有经过任何人同意，就直接把亲戚安插到店里了，当然后来我们了解清楚了，你也是受你母亲所托，不得不这么做，我们也理解。当然今天让你离开这个岗位，是考虑到你母亲身体不好，而且你的年龄也大了，离开之后你能好好休息一下。同时公司还为你买了个两室一厅，就在公司总部旁边，黄金地段，而且全款都付完了，不需要你去做住房抵押贷款，这样你可以把老母亲接过来，方便照顾。另外，你不用上班，但是工资照拿，奖金照拿，分红照拿。

这时，马荀恰到好处地站出来，说要加上一条，以后凡是在我们公司效力30年以上的掌柜，一律保留身股养老。当时整个公司唯有顾天顺符合这一条，所以顾天顺感动不已，说知道你们这一条是专门为自己设置的。这就叫成人达己，看起来是为顾天顺设定的，实际上则是为公司很好地做了全员的职业规划。心中有爱，但出手无情。“动机殊胜，方能成果圆满”，作为一个企业家，必须要做到这一点，心中端坐菩萨，出手已带雷霆。

从这个案例中，我们可以得到哪些启发呢？在企业中，对以下三种人可以启用金色降落伞计划，一是董事、监事和公司的高级管理人员等；二是签署技术保密协议的公司成果的主要执行者；三是董事会任命的对企业有特殊贡献者。这几种人离开公司以后，建议可以继续享有半薪或者是分红资格。但这不是永远享有，可以设定一个期限，比如离职后3年或者5年。也可以写明激励的原因，在什么情况下离开公司的，公司会在多长时间之内用多少额度激励他。这就是针对老员工的金色降落伞计划，这种激励不是针对当前而是针对未来。

设定老员工在职感恩计划

设定老员工在职感恩计划是指当公司的员工达到一定的工作年限以后仍然在职，那么公司可以根据其职位及薪酬状况，提取一定的比例，存入员工指定的账户，以感恩员工对公司做出的贡献。

在职老员工感恩计划具体包括激励的对象、工龄及职务、感恩基金的提取比例、感恩基金的额度，以及员工指定的账号，等等。

感恩计划的提取方式及比例为：总监及以下，年度保障薪酬乘以提取比例；副总及以上的年度全部收入乘以提取比例。什么叫年度保障薪酬？比如说总监的基本工资是月薪 1 万元，提取比例根据他的工龄，比如工龄 5 ~ 10 年的提取比例为 3%，工龄 10 年以上的提取比例为 5%。总监的年薪为 12 万元，乘上 3% ~ 5%，为 3 600 ~ 6 000 元，这部分钱存入总监指定的账户。他的指定账户只有两种：一种是他的直系长辈的账户，比如父亲母亲、祖父祖母的账户；一种是他指定的某慈善机构的账户。这部分钱不是给员工的，而是给员工的亲属或者员工指定的慈善账户的，目的是感恩他们对这个员工的栽培。可以想象，这个员工的父母每年春节前收到员工所在公司汇入的 6 000 元，以感恩他们对这个员工工作的支持，父母心里会怎么想？孩子出去工作这么多年，以前从来没有哪家公司会考虑到我们，可见这家公司还不错。假设哪天孩子说要换一个单位，那么第一个劝他留下的就是他的父母。

设定老员工退休福利计划

设定老员工退休福利计划是指当一个员工的工龄超过 20 或 30 年，这样的员工退休后，每个月向该员工发放数量相当于他离开企业前最后 12 个月月平均工资的 1/2 或 1/3。比如他在职的最后一年，一年的工资总额是 12 万元，也就是说月薪是 1 万元，那么 1/2 就是 5 000 元，1/3 就是 3 333 元左右，1/4 就是 2 500 元。需要在公司工作超过多少年才可以获得这部分钱，可以进行界定。这里的工龄指的是持续工龄，只能计算他从入职到离开这段时间的工龄，如果中间离开又回来的话就不能算。

但是这些方式，只是针对某些企业家特定的一些使用机制。现在世界500强企业的平均寿命是40年，中国大型跨国企业的平均寿命是二十几年，中国大型集团公司的平均寿命是10～12年；中国民营企业的平均寿命，过去是5年，后来是3年，现在是2.7年。如果没有与众不同的格局、胸怀与高度，凭什么你的企业年龄是别人企业年龄的10倍？因此，经营企业要有与众不同的独特视野和广阔的心胸。制定这些机制，就是给员工提供了一种职业生涯规划、愿景规划，让员工意识到，只要他在企业好好干，这个企业就能养他一辈子。“有恒产者有恒心”，为什么很多人干着干着就不想做打工者，而想出来做老板呢？因为他想为自己留下一份事业。那么类似的激励机制，实际上就是让员工拥有一份事业了。为什么很多企业留不住终身员工？因为他一旦哪天干不动，从此就没有收入来源了。

设定老员工创业计划

设定老员工创业计划是指对工龄超过一定年限，也已经培养出了自己的岗位接班人，而且被董事会认定，对企业是有特殊贡献的老员工，可以由公司提供一定额度的创业基金。

“天要下雨，娘要嫁人。”员工如果想当老板，那是没办法阻止的，那就让他做老板吧。公司就给他历练的时间，公司的平台为他所用，资源为他所用，渠道为他所用，管理体系为他所用，另外还给他一笔钱去创业。当然，公司也要提出一点儿小小的要求，比如把公司给员工的这部分创业基金，占有员工新成立的公司不超过

20%的股份。毕竟这么多年的合作伙伴，过去你是我的下属，老是看我的脸色行事，未来我是你的小股东，也看你的脸色行事。这就把未来可能的竞争对手变成了紧密的合作伙伴。作为老板，如果你这一生能培养几十个甚至上百个这样的老板，你的企业做得好不好都不太重要了。

制定完备的回聘制度

不管怎么样，即使再好的企业也有员工因为各种原因想要离开。怎么办？想走就让他一走了之吗？其实，还可以有后续的连接，比如握手话别，配送“嫁妆”。

麦肯锡公司将员工离职视为毕业离校，并建立麦肯锡校友录。麦肯锡公司培养出了上千名世界500强的核心高管，未来麦肯锡公司的业务还可以跟他们有一些连接。所以麦肯锡成了世界第一大咨询集团。

贝恩资本，提出“真心牵挂，人走心连”。公司专门设定一个主管，不是为现有员工提供服务的，而是为那些离职的员工提供服务的。他每天的工作就是跟已经离职的人打电话沟通，比如问问现在在哪里就职，最近过得好吗，公司最近要开一个联欢晚会，有时间欢迎你回来参加……以及定期给离职的人发送公司最新的发展信息。

摩托罗拉，则是“不计前嫌，好马回头”，具备一套科学完备的回聘制度。他们设计了一个“百鸟归巢计划”。什么意思？过去公司机制不太好，好多高管纷纷离开，后来公司就思考，这不一定是员工的问题，企业本身是有问题的。于是制定一套机制，把这些人邀请回来开会，说公司实行新的机制，叫百鸟归巢计划。这就是一种度量，一种胸怀。员工走了，公司就要去思考，员工为什么要走？

以上这些激励机制，可以使公司的核心高管、老员工，以及对企业有多年贡献的人内心非常舒服，对在职的人和离开的人都是意义非凡的。

案例　金色降落伞计划

对象：关副总经理（运营副总）

缘由：关副总是公司的创业元老，对公司很忠诚，但因为文化程度不高，管理方法不理想，所以几年来，其管理的部门业绩一直不佳，并且与下属也屡有矛盾。公司尝试过对其培训及其他协商，效果均不佳，最终双方决定采用公司最新的股权激励计划中的金色降落伞计划。关副总退出现有管理岗位后成为公司顾问。

计划：（1）一次性补偿关副总 8 个月的薪水，共计：6 200 元 ×8=49 600 元；

（2）签署竞业禁止协议。协议期限为三年，三年内公司每月支付关副总现在薪水的一半，即每月 3 100 元。

（3）公司分红权益。赠予关副总 2 股的公司分红权益。公司现在的总股数为 1 000 股。

约束：在任何时间段，若关副总违反竞业禁止协议中的任何条款或有任何损害公司利益及形象的行为，公

> 司除按竞业禁止协议中的约定追究其相关责任外，同时收回其拥有的在职分红股权益。

“未来之星”——针对公司新星的激励方案

对企业的“未来之星”如何激励呢？除了前文中提到的那些激励方法，还有一个重要的激励方法，就是打造足够吸引员工和人才的精神内核，通过公司的使命、愿景和价值观，来激励“未来之星”不断进取。

使命：让人愿意付出一切而去奋斗的某种理想

使命，是让人愿意付出一切而去奋斗的某种理想，比如奉献时间，奉献才华，奉献财富，奉献生命。

使命不是用来实现的。因为一旦这个组织的使命被实现，这个组织就已经没有了存在的意义和价值。就像人一样，一旦某个人觉得自己的使命都实现了，就会感到生命没有意义、没有追求。人是一定要有追求，一定要有希望的。

我非常喜欢表达的一个观点：所有的员工都是追随他自己的梦想而来，而不是追随你，除非你就是梦想的化身。领袖和英雄的区别就在于，英雄是自己有欲望和梦想，而领袖是把别人的梦想变成自己的梦想，简称“使命”。

那么使命的目的是什么呢？对外是感召，感召一代又一代的人，为了某个神圣而伟大的理想前赴后继；对内是支持，支持生命的修行。人的这一生最大的使命就是，当自己离开这个世界的时候，带着一颗经过净化的美丽心灵离开这个世界。

通常来说，大企业家必然有博大的胸怀。很难想象，一个人没有博大的胸怀，没有宽阔的胸襟，没有服务全人类的责任感，却能做出一件轰轰烈烈的事，这种人最多就是养家糊口、富甲一方。一个真正的企业家，不仅仅要经营好自己的企业，还必须对国家、民族乃至人类有深切关怀。当你有使命的时候，别人的精神才会皈依你，你需要别人追随你的思想。

企业的第一产品就是领导懂人——你这一生能把自己卖多少，你能影响多少人，你就能成就多大的事情。你影响别人靠的是什么？不是财富，因为财富只能影响别人的肉体，唯有精神才能影响别人的灵魂，所以当你有使命的时候，别人的精神才会皈依你。

一个企业要想真正长久发展，离不开三件事——思想、机制和能力。没有思想，等于没有灵魂；有了思想还不行，还要有一个机制；有了机制还不够，还要有能力。既要有能力，又要有机制，还要有思想，这是企业组织长青的“金三角”，缺一不可。

学完股权激励课程之后，就要改变工作导向。过去是你自己做事，现在是让有能力的人为你做事，你的工作导向就要从“做事”转向“做人”。做人需要敬业、宣传和思想，做事需要技能、机会和水平——这是两个层面的事情。

愿景：心中期望的、祈祷未来的蓝图

愿是心愿、愿望，景是景象、景致、图画。愿景就是心中期望的、憧憬未来的蓝图。“希望孩子能考上北大、清华，最好能到世界各国去留学”，这是你对孩子的愿景。“希望我们国家繁荣富强，人人都过上幸福生活”，这是国家的愿景。“希望人类和平，地球平安”，这是更大的愿景。愿景根据每个人内在的思想去呈现，你的格局有多大，你的愿景就有多大。这个愿景，不能停留在口号上，而是发自企业家、企业核心团队灵魂深处的肺腑之言，是他们在经营企业过程中坚守的精神准则和终极信念。

价值观：一种终极的信念和精神总则

使命是一种导航，愿景是一种希望，价值观是一种终极的信念和精神总则。这三点紧密结合。核心价值观不能停留在口头上。比如说到“奉献”，那么在企业经营过程中面临决策困难的时候，就要看有没有统一价值观，如果员工是以利已为导向，就跟核心价值观不一致了。

经营企业的本质就是经营他人的需求，这里的“他人”包含了客户、股东、员工、社会。你为客户提供了什么？为股东提供了什么？为员工提供了什么？为社会提供了什么？

商界领袖马云，创业14年，创造了行业的奇迹，国人骄傲、世界骄傲，号称“地球奇迹”，他现在讲的每一句话都能成为网络转发的焦点。

他的企业的使命是：让天下没有难做的生意。

他的企业的愿景是：成为一家持续发展102年的企业，成为全球十大网站之一。如果是100年，很好理解——百年老店。那为什么是102年呢？实际上非常简单，102年指的是横跨三个世纪——1999 年创业，再过 1 年就是 21 世纪，21 世纪有 100 年，21 世纪之后就是 102 年了，因此 102 年就意味着横跨三个世纪了。

他的企业的核心价值观是：客户第一，团队合作，拥抱变化，诚信激情。如果高管违背了核心价值观，他们的行为准则和终极目标一旦跟核心价值观相悖或者冲突，就必须为核心价值观让路。客户第一，一切为客户着想，员工一旦缺乏诚信欺骗客户，那就立刻下岗走人。

信念：一种坚定不移的感觉

什么叫信念？信念就是一种坚定不移的感觉。所有的领袖，必然有坚定不移的信念。领袖和领袖最后比的，不是技能，而是信念。所有的领袖都深知：员工不是追随你，而是追随自己的梦想。领袖对使命的达成、愿景的实现，必然有坚定不移的信念，他们自身甚至已经变成使命、愿景的化身。领袖自己完全相信使命必将实现，愿景必将达成，而且在做事的过程当中，永远追随自己内在的终极信念——核心价值观，完全做到知行合一。

请问各位企业家，你们坚定不移地相信自己行业的未来吗？设计企业的愿景、设计企业的核心价值观、描述企业的使命时，你们是否坚定不移地相信自己呢？假设你自己都不能如此坚定不移地相信，又如何令别人相信你呢？

第六章

沙地上的金字塔：股权激励的几大陷阱

"没有霹雳手段，何谈菩萨心肠。"
"治大国若烹小鲜。"管理的最终目的是保障企业多数人的利益。
"企业之法"能否得以贯彻，可以成为判断一家企业成败得失的标准。

比情动人的是规则

用约束机制“推着员工前进”

一家企业想要持久稳定地发展，有几个关键点一定不能掉以轻心，那就是人力、财力和执行力。而在推行股权激励的过程中，最核心的环节一定是“人”。把握住了人，往往就把握住了企业未来的命运。然而，企业中最难管理的也恰恰是人。无论是以德服人，还是以情动人，或者以财留人，都难免有失偏颇，不能做到一碗水端平。这时候，只有确立整个企业内部通行的激励规则，从上至下，所有人都严格遵守，才能从根本上稳定住企业的根基，稳定住股权激励的根基。

企业一开始推行股权激励，难免会受到各方的制约和限制。在推行股权激励的初期，激励额度往往达不到预期。很多老员工是从没有股权激励的时期过来的，他们在推行股权激励的过程中，一时看不到希望，甚至还会觉得自己吃了亏。人都会趋利避害，这时候，往往就会选择离开。要想通过股权激励留住优秀人才，必须在推行股权激励的同时，尽快细化内部约束机制。员工的留下与离开往往只在一念之间。你给员工一个约束，相当于一个缓冲期，为企业推行股权激励赢得了时间。当股权激励真正铺开来之后，相信很多员工也会认为当初没有离开是一个正确的选择。

笔者服务过的一家企业在发展过程中，积累了一批元老级别的优秀人才。但是这家企业之前并没有细化股权激励的退出机制，仅在进入机制上下了功夫，导致这些人认为，自己什么时候离职都是可以的，不受任何约束。这难免令其中一些股东产生其他的想法。比如企业里有一些从初创时就进入的双职工，两人都是公司元老，都享有一定的股份。实行了这样的激励制度后，两个人就商量着，一人留在公司继续发展，另一人把手上现有的股份兑换成真金白银，然后出去创业。如果创业成功，就可以另起炉灶，自己当老板，如果做得不好也没关系，反正另一人的股份可以保证家里的生活质量不会受到太大影响，可以继续维持现有的生活。一人这样做，人人这样做。企业中一批一批的人才就这样流失掉了。这对企业来说，肯定算不得一件好事。但对于这些离开的人呢？他们看似什么都没有失去，实际上其中绝大多数是浪费了大好前景。早早把极有潜力的企业的股份卖掉，看起来得到了眼前的利益，实际却是捡了芝麻，丢了西瓜。假设当年这家企业在合适的时机推行了 135 渐进式激励计划，并且细化约束机制，那么在上市之前，谁都不会走；一旦上市，人的视野就更广阔了，会变得更加优秀，前途也会不可限量。

台风来的时候猪都会飞，那并不是因为猪本身拥有了飞翔的翅膀，而是借助了风的力量。时势造英雄，平台造英雄。你总以为自己是有实力的，自己是市场拼杀中的赢家。然而你在一家公司做得不错，并不代表你本身就非常优秀，而是因为这个公司平台比较靠谱，给你提供了展翅翱翔的机会。

因此，公司要制定一个相对完善且具有延展性的人才约束机制。明是约束，暗是关怀。帮助人才客观地认识自己，了解到自己的不足，通过公司平台帮他补足短板，发挥长处，同时在合适的时机合理约束他的行为，指点他的行为，这才是对人才的有效管理。企业领导要从公司的层面进行思考，推行股权激励的同时，用约束机制“推着员工前进”。

企业也要有企业的尊严

企业作为一个整体，兼容并包各种各样的人。但同时，企业也要有企业的尊严，既不能被员工所胁迫，也不能被员工的拉帮结派所分裂。在企业当中，一旦出现拉帮结派的现象，一定要及时刹车，最大限度避免派系间的钩心斗角，这种现象最容易出现在已经发展多年的企业当中，关键人物又往往是那个需要金色降落伞的元老。不管这个人曾经为企业创造了什么样的贡献和价值，宁愿现在短痛，也不能留给未来长痛，要坚决做出处理，以防带坏整个企业内部的风气。在企业中，企业的完整和谐是不容置疑的。个人的利益不能凌驾于企业的利益之上，否则，企业将没有好的状态应对外部的搏杀，和未来的冲击。

有时，我们没有办法快刀斩乱麻，雷厉风行地解决关键人物。为了维持企业的正常运转，不得不做出妥协。但企业家们千万要记得，妥协只是一时的，股权激励旨在公平透明地激励员工，那么每一个特殊环节，都会影响到整体。如果还是传统的哥们儿义气式的管理，那我们推行股权激励的目的何在？对特殊环节的特殊人物，不能永远妥协下去，一旦有合适的机会，一定要尽快将其排除在企业系统之外。

柳传志先生是非常优秀的企业家，带领企业完成了许多不可能完成的任务。纵使如此，也没有办法避免类似情况的发生。他曾经暂离企业两个多月的时间，回来后发现，之前他委以重任的一位核心高管，趁他不在期间在财务上做了手脚，如果放任下去，会产生很严重的后果。柳传志权衡利弊后，和这个人做了深入的交流，见其没有悔意，只得寻求法律途径解决问题。这个人坐了几年的牢，出狱时，柳传志第一时间到监狱门口接他。事后，这个人很后悔，他自述在企业那几年，有恃无恐，为所欲为。如果不是当年柳传志及时发现了他的问题，给了他一个悔过自新的契机，他的胆子就会越来越大，越走越远，其所犯下的罪行，恐怕早已不可回头。柳传志虽然邀请他回到自己的企业里来，但他并没有答应，打算从头开始。于是柳传志便给他的公司投了 500 万元启动资金。

做人与做事分开，这是一位优秀企业家的心胸。你在我的企业里，给我造成了很大影响，我必须将你清除出我的企业。然而我却不会落井下石，而是在关键的时候，记得拉你出来，并帮助你从头开始。

企业家身居要位，一举一动都代表公司。面对要挟或者威胁时，如果选择退缩，将无法把控企业这条巨轮，无法避免它在某一天滑向深渊。我们总在讲，企业家要严于律己，宽以待人，用人之长。但企业对蛀虫绝不能姑息，做人要有菩萨心肠，做事要有霹雳手段。企业家要有自己的骨气和底线，在被触碰到底线的时候，也是要发怒的。无论是核心高管还是一线员工，无论是公司元老还是后起之秀，若在原则上面出了问题，撼动了企业的根基，不只要离开股权激励这个体系，更要离开企业。自以为有足够的资本，能够拉帮结派，要挟企业，终究会自食其果。企业家的不纵容和不姑息，是企业未来能良性向前发展的生死线。

把你的工作做好了，就是对企业最大的忠诚

解决了企业中有“离心力”的帮派，企业就能在人才管控上松口气了吗？答案是否定的。企业需要员工的忠诚，然而这种忠诚应该是对企业的、对事业的，而非是对某个人的。公司绝对需要忠诚的员工，但是要的不是对某个人的忠诚，而是对企业使命、对工作岗位的忠诚。员工把工作做好了，就是对企业最大的忠诚。员工不要对老板忠诚，因为老板不能承载你的这一份忠诚。

很多企业家，一开始创业的时候，不过是凑几个人、拉几杆枪。有些合伙人之间是兄弟、是同学，或者是亲戚、同乡，有些则直接是夫妻店、父子店。最常见到的，就是起初的几个人支起摊子，又当老板又当员工，甚至会计、出纳都自己兼着。等事业有了起色，人不够用了，就拉上几个兄弟，或者找几个邻居、远房亲戚等顶上岗位。邻居还有新的邻居、亲戚还有其他亲戚，这样一点点地发展起来，人和人之间都是沾亲带故的。这些人在企业里工作，不能叫忠诚，依靠的都是千丝万缕的社会关系、宗族关系。这些东西讲也讲不清，说也说不明，但却在人与人之间，形成一种互相制

衡互相维系的关系网。这样发展起来的企业数不胜数，我们熟知的众多企业，一开始都是在这么做的。然而，当企业开始不断壮大，就需要吸引一些外部的力量进入。比如面向社会进行公开招聘，从其他企业引进有经验的管理人才等。外聘人员中的大多数人和之前那些亲族员工不一样，他们之所以来到这个企业，是看中了这个平台，看中了平台上可以互惠互利的资源，并且对企业文化存在一种认同感。这种认同感是基于企业层次的思想和判断，而非人与人之间的关系。

人与人之间相处，难免磕磕碰碰。而企业只要能提供好的平台和文化，就不会惧怕这些磕碰，可以源源不断巩固那些和企业同心同德的优秀人才。员工来企业，并非因为某一个具体的人，就算和企业里的某个人产生了芥蒂，他们其中的大多数也还有其他的方式可以转圜。他们为了和企业共同发展前进，可以放下对某个具体人、某件具体事情的执拗。而基于亲族关系进来的员工们，往往会考虑得更多，其心态将非常容易受到影响。今天我的侄子对我说了一句重话，虽然他的决策可能是对的，可是他不该对我这样说，我就要和他较劲。明天我的同学升了副总，他从小就事事不如我，我不服气。这种“生人”与“熟人”的划分，往往就是忠于“个人”和忠于“企业”的划分。

与之相类似的，“生人”也会变成“熟人”。一家企业做成一个知名品牌的时候，就要在全中国乃至全世界范围内招聘人才。这些从全国各地来的人，一开始都是“生人”，彼此没有任何关系，但是慢慢就会有一些人，和你走得很近，成为“熟人”，并且逐渐地变成你的心腹，最值得信赖的忠诚的人。这些围绕在你身边的“熟人”，在忠于公司之前，首先忠于你——这当然很好，意味着你实在有个人魅力，但同时，如果你一旦失去这种信任，企业危机将不可避免。

任何人在为企业家奉献、付出的时候，他的内心是有一份期待的，这个期待就是要得到等同，甚至超出奉献的回报。我对你忠诚，你就要回馈。若你的回馈令我失望，那我难免心存芥蒂。如果你的回馈总是让我失望，那我只得远离你，甚至背弃你。人与人之间最难维系的是情感，企业慢慢壮大，核心骨干越来越多。单纯靠打情感牌，依靠企业家以情动人的方式维系核心员工，实在是一件吃力不讨好的事情。即使你从没这样想，你的员工还是会以为，如今企业壮大了，离了我们也能转，我们的关系没那么近了。

人心一冷，所有最微小的事情都会变成麻烦。我们从新闻报道里看过多少次兄弟间的反目成仇，多少次亲人间的争权夺利，多少次的同质化竞争、对手间的恶性挖墙脚。曾经并肩作战的兄弟转眼刀兵相向，想起来都不禁令人心寒。

我们除了引入明晰公正的制度外，没有其他更好的方法避免这一现象。相比其他方法，这是更容易令所有人接受且最有效率的做法。股权激励除了可见的效果外，还能够将企业家从这一层一层的人际关系里解脱出来，让企业家能解脱出更多的精力放在企业未来的方向、趋势上去。以情动人，总是剪不断理还乱。完善制度，是为了让所有参与制度、享受制度的人能够了解到，我们不是为了一个人在战斗，而是为了所有人在战斗。

干掉最后一个忠诚于你个人的人，这是一个成熟企业的典型标志。这意味着，你的这个企业成熟了，一旦企业成熟了，领导身边将少很多巴结，少很多阿谀奉承。每个人都以工作为导向，而不是以人际关系为导向。所以说企业提倡员工忠诚，忠诚是企业的理念和使命，忠诚是企业的核心价值，在自己的岗位上把活干好，就是对企业最大的忠诚。

技术都是表象，人性才是根本

企业中，总有那么一两个人，是无论如何也不能被替代的。他们随公司的成长而成长，不但没有掉队，反而引领着公司前进。作为企业的一把手，绝不能忽视他们对企业前进所做出的贡献。

如果哪家企业遇到了这样千金难求的人才，一定不要吝惜对他的嘉奖和激励。只要这个人是真真正正能够独当一面的、不可替代的特殊人才，一定要破格使用并大胆激励，对他的激励额度一定要足够大，并且要超越他自己的预期。筹码决定忠诚。做企业家千万不要一厢情愿、自我陶醉地认为，这么多年来，别人都是无来由地提供忠诚，在这个世界上从来没有人是绝对的忠诚，就连自己都经常背叛自己。别人看起来忠诚，他忠诚的是自己内心追逐的东西。

员工之所以今天和你站在一起，是因为他内心有一个声音告诉他，跟你站在一起，他的梦想能够实现。一个人之所以忠诚，是因为背叛的筹码不够大，受到的诱惑不够多。

经营企业要有智慧，你要让你所需要的那个人对未来充满幻想和希望，而且帮助他看到你为企业、为他描绘的那个非常清晰的未来的图像，也就是你相信的那个未来和明天。

制度、技术都是表象，人性才是根本。给足了留人的资本，才有能力和资格去谈留人。如果遇到这个人一定要走的情况怎么办？企业家必须要有一个心理准备，无论你用什么方式方法，天要下雨娘要嫁人，不管怎么做，都不要奢望能够留住全部你想留下的员工。总有人会要离开你的，无论他多么忠诚，也总会离开你的。所以你要有一种坦然的心态去面对。而我们之所以坦然，不是因为别的，而是我们已经能给到了能力范围内的最大，做到了最诚恳的激励。

愿意交钱，才愿意交心

注册股必须要花钱购买

前面我们说了太多的忠诚，它不是绝对的。在这个世界上，只有彼此的依赖，没有绝对的忠诚。我们总是不断强调，制度只是一个表象，而人性才是根本。除了管理人才之外，注册股权也有一个原则，那就是获得股权最好的方式是买，不得已的情况下，次佳的选择是换。

注册股必须要花钱购买，那么注册股该定价几何呢？股权激励的对象是对内的，一般情况下，企业可以按照当年利润的市盈率倍数来计算。以笔者经历过的一家企业为例，这家企业在 6 年前成立的时候，我们是 20 万元出资的，到了 2011 年，其估值已经到了 1 亿元，我们从 400 位备选员工中选了 80 多个人作为我们第一批创业股东。但在今年给内部员工股权的时候，是按照 1 000 万元给他们，同股同权，大家共同出钱。比如占 30%股权的高管团队拿出了 300 万元，企业的总部拿剩余的 700 万元，共同成立了一家股份有限公司。

对内部真正的激励要清晰，既要有激励又要有约束。所以，我们对能够进入激励范畴的员工还有很多要求。第一，是要跟着企业走过三年以上的创业伙伴；第二，未来 5 ~ 8 年时间还是要跟企业一路走下去，这是激励性质。如果说 5 ~ 8 年之内离开，股权我们可以全部收回。这里就体现出来激励的概念。如果给员工做股权时按照实际价值来做，那么拿到股权的就是一个投资人，不需要做管理人员，依然可以享有公司的相关权利。但你只拿出了很少的钱，所以你是我们的激励对象。

激励是有前提的，既可以基于过往的相关因素作为参考，也可以基于未来价值创造做评估，所以我们做股权不能羞于谈钱、谈价格、谈条件。5 年之内离开的、5 ~ 8 年离开的、8 年之后离开的，都有明晰的区别，交的钱也不一样。

走资本路线的企业，对于现有团队的激励是可以立竿见影的，所以激励方式有很多。如果你是一个轻资产公司，就没有必要去考虑过多的程序。如果是重资产公司，过去好多东西都是企业家自己创造的，要把这些全部拿出来给别人分享难免显得困难，不太愿意。这时就可以成立一个轻资产公司，资源都是早就有的，品牌也可以拿过来用，市场更是早就摸透的，对内部一般采取净资产，比较方便，对内和对外不一样，所以要现值等利。

相对应的，还有一种现值有利，计算方法有点不一样。比如还是 1 000 万元净资产，给予被激励对象 5%的股权，按现值等利的模式来计算，就是 50 万元。然而公司不需要被激励的一方直接拿出 50 万元，而是拿出 50 万元的 20% ~ 80%不等，这个打折之后的操作模式，就是现值有利法。50 万元的 20% ~ 80%，相当于 10

万～40万元，原本需要50万元才能购买到的股权，被激励的一方现在只需要拿出打折后的部分即可。这就好像我们在过节期间去商场购买商品，原来标价100元的东西，现在只要80元，甚至20元就能买到，那么你会不会积极响应，积极参与，并且在购买后还能产生很高的幸福感？这个打折的比例，各家企业内部可以做一个选择和权衡，但无论比例高低，都是现值有利法的具象化体现，就必须要有它的前提条件，就是被激励员工的自身价值。你为公司开拓了什么样的客户，你能为企业创造什么样的未来，拿到这部分股权以后，几年时间之内，我们有哪些考核性指标、约束性指标与惩罚性指标，考核性指标指的是相关的业绩，绩效考核；而约束性指标指的是你多长时间之内不得离开企业；惩罚性指标是如果你离开企业，或者做了影响企业经济声誉的事情，企业可以有哪些追偿措施。这是一个配套的制度系列，缺一不可，要做到权利、义务明确清晰，配套实施执行。

如果要从现值等利和现值有利两个方法中选的话，相信大部分人更喜欢现值有利这种模式，笔者也建议大家使用这种模式做股权激励。这就绕回我们开头说的那句话，愿意交钱，才愿意交心。企业的最终目的是把团队成员的心联系在一起，而非单纯地依靠金钱和利益。企业家应该和企业内部的姐妹兄弟们心连心，手牵手，共同走向市场，迎接风雨，收获成果。交钱的目的一定要明确，是为了拉近彼此的距离，双方互信互爱，站在同一条战壕里奋斗，并不是为了赢利，自己人赚自己人的钱。

不得不提到，其实还有一种模式叫现值不利法。这并不是值得推荐的模式，但在实际股权激励过程中，确实还会有这种情况的存在。这种不利有可能是针对企业家的，也有可能是针对被激励方的，也有可能是针对整个企业的。要分清这种不利是否只是一时的吃亏，如果仅仅是在调整期间的阵痛，那为何不坦然地接受和承认呢。一时的不利并不代表一世的不利，坦然地接受，才能反转不利局面。

对企业有信心

接下来说说换。什么叫换呢？换指的是员工有资源、有专利、有品牌、有核心竞争力，这个核心竞争力是企业自身所不具备的。这些资源、专利、品牌是可以拿来换取股权的。这是一种换的模式，也是把这些资源、专利、品牌等具有核心竞争力性质的东西转化成物质，评估成资金，然后再来购买而已。其内核实际上还是属于一种购买。前文我们提到不可替代的人才，有些时候对于这类人我们便可以以这种模式操作，因为他们往往掌握着别人不可替代的核心竞争力。

最后的最后，还有一些特殊的人才，既没有办法购买股权，也没有换取股权的资本，那是否就只能将他们排除在激励范畴之外了呢？也并不是这样的。在满足一定条件的情况下，我们也可以适当选择第三条路来走一走，那就是借。比如员工可以同企业约定，在企业工作满 5 年或是 10 年之后，可以为企业创造什么价值，这些价值要达到什么样的一个数值，完成哪几个指标。这种选择是排在“花钱购买股权”和“以资源、专利、品牌等核心竞争力换取股权”之后的一步选择。买、换、借，买永远是最优先的选择，可以放在最高的位置。毕竟大家都是看好这个企业的，对企业有信心，也愿意为企业的未来而奋斗。认为企业有前途，就共同出资，花钱购买，同股同权，天经地义。

离开的时候会不会心疼

愿意交钱才愿意交心，交多少钱另当别论，但是股份必须通过以上几种“真金白银”交易的方式才能获得。笔者在曾经所供职的一家企业中经经历过这样的事情。公司没有明确向被激励对象提出过股权需要花钱购买的要求，被激励对象自然不会主动提出这样的建议。这样被激励对象占了很大的便宜，因此临离开企业的时候，也毫不在乎，没有过多的不舍。因为得到这些股份，并没有花掉我口袋里的一分钱，被激励对象没有为此付出任何的财务成本，那么所谓“心疼”，便毫无来由。假设当初被激励对象是确确实实掏出了 200 万元来购买这些股份，那么离职的时候一定会提出，把当初买股份的股本金退还给自已，而这很可能遭到公司的拒绝。因为这样一番交涉，下离职决定的时候，很多事情都要面临重新考量。有可能，离开的想法就会有所动摇。正因为股份的价值不是很大，没有切实感受到“真金白银”所带来的割舍的痛苦，所以离开的时候就不会心疼，也就无所牵绊、义无反顾地离开了。如果企业家能早早地想通这一点，以购买股权的形式约束员工的进入和离开，想必很多不必要的人才流失，其实是可以避免的。

执行不力，往往是千里之堤上的蚁穴

依靠完美的落地执行

导入股权激励，必须根据企业所处的行业和发展阶段的不同，根据激励对象和群体的不同，组合定制适应企业实际状况的股权激励机制。股权激励的成与败，关键看如何运用。企业家要谨慎运用、科学运用股权激励，同时还要加强对自身领导智慧和魅力的修炼，才能发挥出股权激励的最大价值。

在这么多年的股权激励咨询中，我们发现，股权激励还是有一定模式可循的，万变不离其宗。然而，为什么很多企业推行股权激励后，员工的积极性显著提高，业绩也蒸蒸日上，而有些企业则没有收到很好的效果，和激励前的状况相似，温温吞吞，没有产生什么差别呢？这就要谈到企业的执行力了。从企业实施股权激励的实际效果来看，股权激励是一把双刃剑，执行得好就能为企业带来很多好处，执行得不好轻则无法拉动企业发展进步，重则会为企业带来很多负面影响。

股权激励中的执行十分重要，执行力的落地，直接影响到股权激励的推行、员工们的心态和企业家们的钱袋子。若没有扎实的执行力保驾护航，将没有办法收到回报。股权激励能为企业带来的，不只是对员工的激励，还有更多衍生出来的收获，而这些都要依靠完美的落地执行才能实现。

第一个收获，就是股权激励有利于公司留住人才、约束管理人才、吸引聚集人才。

第二个收获，就是股权激励还有利于公司降低人力薪酬成本和激励资金成本，有利于实现公司的快速发展及股东利益最大化。比如我们大家所熟知的万科，当年其在合适的时机实施了业绩奖励限制性股权激励计划，其激励对象总数加起来，还不超过万科公司员工总数的8%。而其股权激励计划中，还设置了提取激励基金的条件。这个条件是双重的，首先要满足公司年净利润增长率超过15%，其次要满足公司全面摊薄的年净资产收益率超过12%。有这两项要求共管共生，使得当年万科的年销售收入增长41.4%，净利润增长率超过了32.1%，而年净资产收益率更是达到了创纪录的18.17%，实施这个激励模式当年，就为股东创造了96.25亿元的净利润，毋庸置疑，达到了股东利益最大化的目的。

第三个收获，就是股权激励有利于合理分配公司发展后的利润增值部分。

拉紧股权激励这根风筝线

我国的企业家目前所实施的股权激励，实际上最早是从国外取的经，是借鉴国外经验引进的“舶来品”。大家的初衷都是想借此调动经营者、企业内部人员的积极性和主动性，把企业做大、做强。可是，无论什么样的政策，都有“做得好”与“做不好”之分。如果不进行系统的股权激励设计和控制，对已经实施的股权激励制度严加监督、落实，不仅难以达到预期的目标，还会结出不少苦果，有的苦果更是会给企业造成长久性的损失。为了防止自己给自己挖坑，企业家们需要时时刻刻留个心眼儿，好好拉紧股权激励这根风筝线，不能让它偏离了我们预设好的轨道。

在经过一系列的考察和统计，经手大量股权激励项目经验的基础上，我们发现股权激励实施后，往往有以下几个陷阱最难躲开，最令股权项目实施者头痛。

第一，实行股权激励以后，企业高管的收入所得大幅提升，而企业效益却大幅下降。

在企业纷纷投入股权激励大潮之时，有一组数据，我们不能忽略。据统计，在股权激励大火的 2006 ~ 2008 年，仅沪、深两市就有 90 家上市公司公布了股权激励方案。在此期间，大部分企业高管层的收入上去了，而企业效益却大幅下降了。高管层收入的上升，意味着股权激励的大方向其实并没有错误，企业本身还是发展了的，员工的积极性也有所提高，但是股权激励制度中的某些细节问题却没有落实，没有执行到位，体现在财务面上，就是企业自身的效益没有提高，甚至有下滑趋势。这时候，我们就需要在激励制度的落实上下功夫，进行执行力的落地排查，寻找各个环节中有可能产生的问题，查缺补漏，以寻求企业和管理层的平衡发展。

第二，辞职套现，成了不少高管绕不过去的坎。

企业的核心高管，作为公司的决策者和经营者，对公司的实际情况最清楚，对公司股票的实际价值最清楚，对公司的发展前景也最清楚。当公司已经发展到了一定量级，在某一个行业或某一个地域形成举足轻重之势时，股价势必会达到一个峰值。眼看公司股价已经涨到了目前所见的顶点，作为企业的核心高管，此时难免会动些小心思。他们能够想到的第一个问题，往往不是竭尽全力让企业突破峰值，开拓新的蓝海，而是手中的股票价值几何，是否可以直接抛售，让自己赚得盆满钵满。

作为企业高管，在岗期间直接抛售股权并不是一个明智之举，不但会动摇军心，在很多情况下也会受到法律的种种约束。《公司法》第 142 条规定，公司董事、监事高级管理人员，在任职期间每年转让的股票不得超过其所持有本公司股票总数的 25%。然而，这些高管也知道，没有哪家企业可以长盛不衰，没有人能永远站在山峰之巅。企业目前发展虽然非常好，但守住这一份家业，并不是嘴上说说那么简单。如果现在没有抓住机会，万一过段时间，股价下滑，自己将得不偿失。权衡利弊之下，很多高管都会选择一种相对明智而且风险系数较小的方案，那就是辞职。企业高管一旦辞职，就可以将手中的股权一次性抛售套现。至于辞职后的企业会遭受什么样的重创，并不能影响他们做出这个决定。商场如战场，企业家们一定要时刻牢记这一点。这并不是耸人听闻，毕竟有很多知名企业在进入成熟期时，都或多或少面临过高管流失的窘境。原来名噪一时的三花股份公司，其核心高管层就曾数次传出离职套现的新闻，类似的情景也常常见诸报端。可以说，这是企业发展到一定阶段所不可避免的。企业家们在执行激励制度时，一定要预先考虑到这一点，并针对这个问题完善制度，量化执行。

第三，不合理的执行，使股权激励演变为股权纠纷。

股权激励过程中，不合理或不严谨的执行会引发许多纠纷。这里聊一个典型案例，有一家企业的两位股东，曾因执行不合理而对簿公堂。这家企业的董事长，为了激励旗下高管，自愿将名下占公司总股本 3.8%的股份赠给企业的副总经理，并规定副总经理即日起在这家企业的服务时间须满 5 年，若中途退出，以原值除以服务年限支付股权。第二年年末，董事长再次将名下占公司 0.7%的股权赠予该副总经理，而该副总经理承诺自此 5 年内，不以任何理由从公司主动离职，否则将按约定向董事长缴纳经济赔偿。但副总经理于第 5 年结束的时候辞职，董事长只得以未履行相关协议及承诺为由，将副总经理告上法庭，要求其返还之前被赠予的上市公司股份，并赔偿损失。最高人民法院最终认为，因为缺乏支付款证据，副总经理首次得到的 3.8% 的股份应属董事长的“赠予”，这部分由于已过 5 年期限，因此对于董事长要求副总经理返还其受赠的全部股票不予支持。这个案例非常典型，是国内首个股权纠纷案例，之后，这种股权纠纷案例层出不穷，不断在企业之间上演。

“无用功”的暴露

上面所提到的这些，当然是企业家十分不愿意看到的。但这些问题为何频繁出现，企业家们却找不到解决方案。归结起来，原因其实很多，有主观因素作用，也有客观原因导致，然而其最重要的原因可以归纳为以下几点。

首先，股权激励的实施过程，既不设定条件也无具体约束。

实施股权激励是有条件的，它需要一套严格的公司管理制度和绩效考核体系做支撑。并不是所有的企业都适合大刀阔斧地推行股权激励，一家企业也不是什么股权激励的方法都能适用。所以，做股权激励之前，企业要对自己的公司治理结构和治理制度是否健全做科学鉴定，否则，股权激励不仅不能带来预期效应，反而会造成恶果。有些企业正值高速增长期，一边接洽风投，一边将上市提到议事日程。公司成立时间不够长，往往还处于急速发展和扩张的阶段，公司业务发展过快，体量膨胀过速，还没有完善的企业制度体系和绩效考核体系，管理尚处于比较混乱的阶段。这个时候如果企业家为了规范公司管理，急着将股权激励制度上马，就会出现一系列的问题。企业家不能因为自己的精力不能顾及公司的方方面面，为了解脱自己而一意孤行推行股权激励，确实，实施了股权激励后，激励对象就是企业的主人，然而急急上马让激励对象无所适从，股权激励制度不但没有和企业之前的内部管理制度对接、融合，反而各自为政，加重了企业的管理负担。被激励对象看似不再需要上级的催促，事实上却导致了人力资源的浪费。这样的企业，往往半年内就会出现问题，不但不能实现预期的目的，解放企业家，而且其人力资源的浪费还会体现在企业的经营成本上，企业的管理将会进退两难。进一步是资源的浪费和成本呈几何级数增加，退一步是股权激励和人力管理“无用功”的暴露。

其次，股权激励方案设计存在缺陷，既没有经过审查，也没有外部力量监督。

公司能不能搞股权激励，什么时候搞股权激励，怎样搞股权激励？实施股权激励以后，效果由谁来监督？这些都是企业自己推行股权激励过程中面临的实际问题。即使有些企业设置了审查、监督环节，却无规可循、无法可依。这将会引发企业非常规的“高激励”及“过度激励”的出现。没有外部力量的把控，单靠企业自身，有时无法做到“旁观者清”。

既有激励，又有约束，这才是一个完整和科学的机制。股权激励不像奖金，奖金的设定只需一个粗放的条款即可，而股权激励需要更完善、更规范、更科学的规则来维持其长期激励效果。方案设计不周全、不合理就有可能使企业陷入困境。如果企业再没有一个第三方机构进行监督和把控，很容易意识不到这样的问题。巨人倒下时，身上的血还是热的。就好像一家很有名的科技企业，其即将在三板挂牌。企业原本有三个股东，考虑到挂牌上市后股份会有较大增值，CEO认为这是一个为大家谋福利鼓舞士气的好机会，于是在改制过程中吸收近40位员工入股，其中入股最少的只有3 000多元，占企业股本总额万分之一。可是，企业刚刚在三板挂牌，便有个别小股东以急需用钱为由要求企业主收购自己的股份。而根据《公司法》的规定：有限责任公司变更为股份有限公司后一年内，发起人不得转让股份。这些员工都是在改制过程中入股的，因此都是发起人，所以无法立即转让股份。企业家被逼无奈，只得先把自己的钱垫付给员工。这样十分随意的进入和退出机制，在一开始就应该调整。然而由于一开始股权激励设计存在缺陷，并没有对此类行为加以约束，以至后期引发重重麻烦，这些是很多企业家一开始所不能察觉的。

再次，股权兑现的方法，既没有一定之规，也没有制度保驾。

对激励对象实行股权激励，曾被戏称为给激励对象戴上了“金手铐”，使他们对企业的发展具有长期行为。真的是这样吗？现实告诉我们，事实并非如此。激励对象依然是员工的身份，依然有急功近利的一面。他们做出的决定，从公司层面来看，其实依然是一种短期行为。为了装满自己的“钱袋子”，他们往往会做出一些对公司有负面影响的事情。就好像前面提到的离职套现，或者转让股份。更有甚者，不惜采用违规手法，通过职权之便，虚报营业收入和企业利润，给企业造成巨大损失。这些损失不仅仅是金钱上的，还有可能影响到企业形象，带给企业重重一击。

这样的结果是如何导致的？毛病出在哪里呢？其实就出在股权兑现机制上。股权激励的兑现，需要严格、明确、合理合法的制度，制定时要尽量保证它的完善性，条理明晰。不得不嘱咐企业家们，现行《公司法》中的规定是存在一定漏洞的。比如其对离职后的员工，没有任何约束。所以很多人既然在任时不能全部抛售股票，就选择辞职。辞职了就可以不受现行法律法规的约束，至多是在道德层面上，略有一点难以言明的意思在里面而已。

成与不成都在于人

非上市公司和上市公司不太一样，除了各公司实施股权激励时存在的普遍问题之外，由于其还未能上市，其股票不能在证券市场上挂牌交易，这使得企业的股票没有明确的市场价格，不能通过证券市场的价格发现功能，实时动态地反映企业价值，这使得公司股票的流动缺少了实现的平台，变现能力不强。因此，非上市公司实施股权激励的时候还面临一些特有的困难，在执行时，要分外留意。

绩效评价指标的设计是设计一个股权激励计划的基础，这就好像搭建金字塔前，首先要描绘出金字塔的外形。企业设计的股权激励计划，是与激励对象所需达到的工作业绩挂钩的，所以如何评价激励对象的工作绩效成为股权激励的先决条件。对于上市公司来讲，其股票市场价格在一定程度上反映了公司的经营状况，十分明晰，既不会有作假的成分，也有用于核算的一定之规，所以它为考核员工工作绩效提供了一个重要的参考指标，特别是在成熟有效的资本市场背景下，其作用更加明显。而对于非上市公司来说，在失去股票市场价格这一衡量指标的情况下，应该如何确定公司绩效考核体系、建立考核办法，具体又怎样计算，怎样与期权激励挂钩呢？不得不说，这是非上市公司实施股权激励过程中，面临的最具挑战性的问题之一。执行不规范、不公平、不公正的绩效考核，不仅不能使股权激励计划充分发挥激励作用，相反可能还会给企业带来内部矛盾，轻则挫伤员工士气，重则引发法律纠纷。

对于上市公司实施股权激励，一般做法是以期权协议签订时本公司股票的市场价格作为期权的行权价基础。与上市公司不同，非上市公司在制订股权激励计划时，其行权价的确定没有相应的股票市场价格作为定价基础。因此其确定的难度相对要大得多。在股权激励制度比较完善的美国，其非上市公司通常采用的方法是对企业的价值进行专业评估，以确定企业每股的内在价值，并以此作为认股权行权价与出售价格的基础。

目前我们在国内非上市公司的实践中，一般会以确定行权价和出售价的方式，来作为每股净资产值作为主要的参考依据。另外，也有一些企业的认股权的行权价格就干脆以普通股票的面值确定。这里不得不提到，显然，以每股净资产值作为行权价的做法还是过于简单了，以股票面值作价则更容易引发价值失真，这么做的客观性、公正性与准确性，都在一定程度上存在很大问题，需要进一步调整和优化。

实施股权激励，从根本上涉及广大员工的利益，相当于一次利益重新调整。企业用于股权激励的股份总额是多少？企业不同岗位的管理人员、技术人员和一般员工的具体股权激励数量分别是多少？不同级别、岗位员工的持股比例是多少？企业用于后期激励的预留股份数量是多少？持股结构如何更科学、更合理、更有效？这绝对是股权激励设定及执行过程中的难点所在。如果在前期设计的时候，采用了不合理的持股结构，有可能会导致公司股权的流失，股权流失意味着企业家对企业控制力的丧失，严重的甚至还会引发公司内部的争权夺利。

股权激励的效用往往体现在被激励对象行权时所得到的增值部分，因此，行权环节在整个激励计划中势必处于“大脑”的位置。企业作为激励主体，能否保证用于股权激励的股份顺利变现，毕竟对变现条件的合理设计将整体影响着激励计划的落地执行效果。已经上市的股票，自然可以通过证券市场上出售的形式，转化为持有者兜里的现钱，其增值部分也都来自市场，不需要公司的现金流出。而非上市公司在这一点上又显得先天不足，其面临的最主要障碍，是“真金白银”该从何而来。一旦遇到大量股票同时要求变现的状况，公司将不得不面临巨大的财务压力和支付风险。因此，非上市公司在安排行权时间的时候，一定要谨慎、周全地考虑下面这几个问题：整个股权激励计划的时间是几年？行权期总共分为几个阶段？首次行权是什么时候？每次行权变现的股份比例是多少？行权的门槛是什么？只有把这些都通过原则性、规范性的制度规定下来，企业的股权激励计划才能起到一个长期有效的作用，企业家才能睡上一个安稳觉。

随着公司的发展，企业的核心高管和其他员工将不可避免地不断发生变化。有的员工会离开公司，也有新的员工进入公司。人员更替，川流不息。根据员工持有股份的初衷，离开公司的员工应该退出股权激励系统，返还股份，新进的员工应该进入激励系统，持有股份。由于是非上市公司，不能借助于股票市场中介买进或卖出该公司股票，股东的进退机制很难理顺。核心高管离开企业，其在企业的股份如何兑现？是由继任者购买，还是由离去的高管继续持股享受分红？如果由继任者购买，价格又该怎么确定，是按原价购买，还是根据企业现有状况再做一次评估？

此外，非上市企业一般都以有限责任公司的形式出现。它与股份企业不同，有限责任公司是一种人合企业，其中任一股东的进入与退出都应该征得其他股东的同意。而股份公司是一种资合公司。股东的进入与退出受到的限制相对少些。因此非上市公司的股东退出以及新股东的进入，操作起来要比上市公司复杂得多。

上市企业受各方制约，会定期公布企业财务信息，使公众了解企业经营情况。而非上市企业一般不会聘请外部审计机构进行审计，企业的财务资料缺乏公信力，存在争议时，难以令各方信服，即使经过外部审计机构的审计，员工对于财务报表的真实性及可靠性也会产生怀疑。如年度销售额、利润额、负债额、现金流量等，如果这些数据难以令员工相信，员工就更不会对其分红产生认同感。员工若是不认同分红金额，就会从本质上损害股权激励的权威性。企业在员工当中的信誉也会一落千丈。另一方面，站在企业的角度，企业一般也并不愿意将所有财务信息公之于众，而且对企业来讲，公布的财务信息并不是越细越好，毕竟同在商场上竞争的不止一家，还有许多其他需要考量的因素。因此，非上市公司一定要想方设法建立一种完善的财务信息披露机制以及领导与员工之间的信任机制，既能使员工获悉一些必要的数据并相信其真实性，又能保护公司的商业机密，这也是非上市公司实施股权激励过程中又一重大难题。人与人之间的互信、企业与员工之间的互信，是股权激励执行过程中最有力的保证。

执行得力还是执行失效，成与不成都在于人。一个有深谋远虑的企业家，要想实现企业的基业长青、永续经营，必须借助优秀的团队和科学的管理。

导入股权激励，必须根据企业所处的行业和发展阶段的不同，根据激励对象和群体的不同，组合定制适应企业实际状况的股权激励机制。股权激励的成与败，关键看如何运用。企业家要谨慎运用、科学运用股权激励，同时还要加强对自身领导智慧和魅力的修炼，才能发挥出股权激励的最大价值。

•附录一　分红股授予协议书

（适合于非上市公司直接赠予的分红股激励）

甲方姓名：	乙方姓名：
身份证号码：	身份证号码：
身份证地址：	身份证地址：
联系电话：	联系电话：

甲、乙双方声明：在签订本合同之前，已经仔细阅读过《××××有限公司股权激励管理制度》与本合同的各条款，了解其法律含义，并出于本意接受。为发展××××有限公司（以下简称“某公司”）的事业，实现员工利益与公司长远价值的和谐发展，根据《××××有限公司股权激励管理制度》的有关规定，双方经协商一致，达成如下协议：

1. 本协议遵循公平、公正、公开原则和有利激励、促进创新的原则。

2. 本协议不影响乙方原有的工资、奖金等薪酬福利。

3. 本协议有效期限为 5 年。

4. 该计划中，甲方向乙方赠予________股分红股。签约当日公司的股份总数等同于注册资本数额，即________股。

5. 乙方持有的分红股每年分红一次，分红时间为每年年报正式公布后的 30 个自然日内。具体的分配办法由董事会按照规定执行。

6. 乙方不得将所授予的分红股用于转让、出售、交换、背书、记账、抵押、偿还债务等。

7. 在办理工商变更登记手续以前，当发生送股、转增股份、配股、转增和增发新股等影响公司股本的行为时，董事会有权决定乙方的分红股是否按照股本变动的比例进行相应调整。

8. 在本合同有效期内，乙方无论因何种原因退出某公司（“退出”包括辞职、自动离职或被公司除名、辞退、开除、劳动合同期满后未续约等），其所获分红股自动失效。

9. 乙方同意有下列情形之一的，甲方有权无偿收回乙方获得的分红股：

（1）乙方因严重失职、渎职或因此被判定任何刑事责任的；

（2）乙方违反国家有关法律法规、公司章程规定的；

（3）公司有足够的证据证明乙方在任职期间，由于受贿索贿、贪污盗窃、泄露公司经营和技术秘密、损害公司声誉等行为，给公司造成损失的。

10. 甲乙双方根据相关税务法律的有关规定承担与本协议相关的纳税义务。

11. 本协议不影响公司根据发展需要做出资本调整、合并、分立、发行可转换债券、企业解散或破产、资产出售或购买、业务转让或吸收以及公司其他合法行为。

12. 公司准备发行股票并上市或有其他重大融资安排时，乙方同意按照相关法规的要求以及公司董事会的决定，由公司董事会对其所持有的分红股进行处理。

13. 本协议是公司内部管理行为。甲乙双方签订协议并不意味着乙方同时获得公司对其持续雇用的任何承诺。乙方与本公司的劳动关系，依照《劳动法》以及与公司签订的劳动合同办理。

14. 本合同是《××××有限公司股权激励管理制度》的附件合同。本合同未尽事宜，根据《××××有限公司股权激励管理制度》进行解释。

15. 本协议如有未尽事宜，双方本着友好协商原则处理。对本协议的任何变更或补充需甲乙双方另行协商一致，签署变更或补充协议书予以明确。

16. 甲乙双方发生争议时，本协议和《××××有限公司股权激励管理制度》已涉及的内容按约定解决。未涉及的部分，按照相关法律和公平合理原则解决。

17. 本协议书一式两份，甲乙双方各执一份，具有同等法律效力，自双方签字盖章之日起生效。

甲方盖章：

法人代表签字： **乙方签字：**

日期： 年 月 日 **日期： 年 月 日**

·附录二　有条件分红协议书

（适合于非上市公司需要考核的分红股激励）

甲方姓名：	乙方姓名：
身份证号码：	身份证号码：
身份证地址：	身份证地址：
联系电话：	联系电话：

甲、乙双方声明：在签订本协议之前，已经仔细阅读过本协议的各条款，了解其法律含义，并出于本意接受。为发展××××有限公司（以下简称“××公司”）的事业，实现员工利益与公司长远价值的和谐发展，双方经协商一致，达成如下协议：

1. 本协议遵循公平、公正、公开原则和有利激励、促进创新的原则。

2. 本协议不影响乙方原有的工资、奖金等薪酬福利。

3. 本协议有效期限为1年。2016年1月1日起至2016年12月31日止。

4. 乙方所获应激励分红股数为____股。

5. 乙方实际获得的激励分红股数由其各项考核指标的结果而决定。

6. 考核指标：

考核指标包括：价值观、公司整体业绩、部门业绩、自律、品德、内部客户服务意识，以上六个指标同时考核，任何一个指标不达标，自动丧失激励资格。具体内容如下：

序号	考核项目	考核标准
（1）	应激励额度	× 股
（2）	价值观考核	（1）要求价值观要与公司保持一致； （2）一票否决制
（3）	公司指标考核	公司全年销售额为 × × × 万元评分标准： 1）公司指标完成率≥ 85%，系数为 1； 2）70%≤公司指标完成率＜ 85%，系数为 0.7； 3）公司指标完成率＜ 70%，系数为 0
（4）	部门指标考核	部门业绩为 × × × 万元 评分标准： 1）部门指标完成率≥ 85%，系数为 1； 2）70%≤部门指标完成率＜ 85%，系数为 0.7； 3）部门指标完成率＜ 70%，系数为 0
（5）	自律项考核	（1）公司规章不得违反 5 次以上（含 5 次）； （2）一票否决制
（6）	品德项考核	（1）全员支持率不得低于 85%； （2）一票否决制
（7）	内部客户投诉	（1）投诉不得超过 5 次（含 5 次），以败诉为准； （2）一票否决制
（8）	实际激励额度	在没有违反一票否决制的前提下等于（1）×（3）×（4）

7. 分红发放比例及时间：2017 年 1 月 25 日前发放其应分红奖金的 70%，2017 年 7 月 20 日前发放剩余分红比例 30%。

8. 在本合同有效期内，乙方凡发生下列事由（包括但不限于），自情况核实之日起即丧失激励资格、考核资格、取消剩余分红，情节严重的，公司依法追究其赔偿责任并有权给予行政处分，行政处分包括但不限于停止参与公司一切激励计划、取消职位资格甚至除名，构成犯罪的，移送司法机关追究刑事责任。

（1）因不能胜任工作岗位、违背职业道德、失职渎职等行为严重损害公司利益或声誉而导致的降职；

（2）公司有足够的证据证明乙方在任职期间，由于受贿索贿、贪污盗窃、泄露公司经营和技术秘密、损害公司声誉等行为，给公司造成损失的；

（3）开设相同或相近的业务公司；

（4）自行离职或被公司辞退；

（5）伤残、丧失行为能力、死亡；

（6）违反公司章程、公司管理制度、保密制度等其他行为；

（7）违犯国家法律法规并被刑事处罚的其他行为。

9. 乙方根据相关税务法律的有关规定承担与本协议相关的纳税义务，由公司代付代缴。

10. 本协议不影响公司根据发展需要做出资本调整、合并、分立、发行可转换债券、企业解散或破产、资产出售或购买、业务转让或吸收以及公司其他合法行为。

11. 公司准备发行股票并上市或有其他重大融资安排时，乙方同意按照相关法规的要求以及公司董事会的决定，由公司董事会对其所持有的分红股进行处理。

12. 本协议是公司内部管理行为。甲乙双方签订协议并不意味着乙方同时获得公司对其持续雇用的任何承诺。乙方与本公司的劳动关系，依照《劳动法》以及与公司签订的劳动合同办理。

13. 本合同未尽事宜，由公司薪酬委员会进行解释。

14. 本协议如有未尽事宜，双方本着友好协商原则处理。对本协议的任何变更或补充需甲乙双方另行协商一致，签署变更或补充协议书予以明确。

15. 甲乙双方发生争议时，本协议已涉及的内容按约定解决。未涉及的部分，按照相关法律和公平合理原则解决。

本协议书一式两份，甲乙双方各执一份，具有同等法律效力，自双方签字盖章之日起生效。

甲方盖章：

法人代表签字： **乙方签字：**

日期： 年 月 日 **日期： 年 月 日**

·附录三　股权激励协议书

（适合于非上市公司的限制性股权激励）

甲方姓名：	乙方姓名：
身份证号码：	身份证号码：
身份证地址：	身份证地址：
联系电话：	联系电话：

根据《合同法》和《××股份有限公司股权激励制度》的有关规定，本着自愿、公平、平等互利、诚实信用的原则，甲乙双方就以下有关事项达成如下协议：

1. 本协议书的前提条件

（1）乙方在2010年12月31日前的职位为甲方公司总经理之职。

（2）在2011年1月1日至2013年12月31日期间，乙方的职位为甲方公司总经理之职。

若不能同时满足以上2个条件，则本协议失效。

2. 限制性股份的考核与授予

（1）由甲方的薪酬委员会按照《×××公司××××年度股权激励计划》中的要求对乙方进行考核，并根据考核结果授予乙方相应的限制性股份数量。

（2）如果乙方考核合格，甲方在考核结束后 30 天内发出《限制性股份确认通知书》。

（3）乙方在接到《限制性股份确认通知书》后 30 天内，按照《限制性股份确认通知书》规定支付定金。逾期不支付，视为乙方放弃《股权确认通知书》中通知的限制性股份。

3. 限制性股份的权利与限制

（1）本协议的限制性股份的锁定期为 5 年，期限为 2014 年 1 月 1 日至 2018 年 12 月 31 日。

（2）乙方持有的限制性股份在锁定期间享有与注册股相同的分红权益。

（3）乙方持有的限制性股份锁定期间不得转让、出售、交换、记账、质押或用于偿还债务。

（4）当甲方发生送红股、转增股份、配股和向新老股东增发新股等影响甲方股本的行为时，乙方所持有的限制股根据《××股份有限公司股权激励制度》进行相应调整。

（5）若在锁定期内公司上市，公司将提前通知乙方行权，将乙方的限制性股份转为公司注册股。行权价格以《限制性股份确认通知书》中规定或董事会规定为准。

4. 本协议书的终止

（1）在本合同有效期内，乙方凡发生下列事由（包括但不限于），自情况核实之日起即丧失激励资格、考核资格，取消剩余分红，情节严重的，公司依法追究其赔偿责任并有权给予行政处分，行政处分包括但不限于停止参与公司一切激励计划、取消职位资格甚至除名。构成犯罪的，移送司法机关追究刑事责任。

• 因不能胜任工作岗位、违背职业道德、失职渎职等行为严重损害公司利益或声誉而导致降职；

• 公司有足够的证据证明乙方在任职期间，由于受贿索贿、贪污盗窃、泄露公司经营和技术秘密、损害公司声誉等行为，给公司造成损失的；

• 开设相同或相近的业务公司；

• 自行离职或被公司辞退；

• 伤残、丧失行为能力、死亡；

• 违反公司章程、公司管理制度、保密制度等其他行为；

• 违犯国家法律法规并被刑事处罚的其他行为。

（2）在拥有限制性股份锁定期间，无论何种原因离开公司的，甲方将无条件收回乙方的限制性股份。

5. 行权

（1）行权期

本协议中的限制性股份的行权期为2019年1月15日至2019年1月31日。

（2）行权价格

以《限制性股份确认通知书》中规定为准。

（3）行权权力选择

•乙方若不想长期持有，公司可以回购其股份，价格根据现净资产的比例支付或协商谈判。

•乙方希望长期持有，则甲方为其注册，成为公司的正式股东，享有股东的一切权利。

6. 退出机制

（1）在公司上市及风投进入前，若持股人退股

•若公司亏损，被激励对象需按比例弥补亏损部分；

•若公司赢利，公司原价收回；

（2）若风投进入公司后，持股人退股，公司按原价的 150% 收回；

（3）锁定期内公司发生重大变化，比如合并、重组、转让，解锁加速注册；

（4）如上市后持股人退股，由持股人进入股市进行交易。

7. 其他事项

（1）甲乙双方根据相关税务法律的有关规定承担与本协议相关的纳税义务。

（2）本协议是公司内部管理行为。甲乙双方签订协议并不意味着乙方同时获得公司对其持续雇用的任何承诺。乙方与本公司的劳动关系，依照《劳动法》以及与公司签订的劳动合同办理。

（3）乙方未经甲方许可，不能擅自将本协议的有关内容透露给其他人员。如有该现象发生，甲方有权废止本协议并收回所授予的股份。

8. 争议与法律纠纷的处理

（1）甲乙双方发生争议时

•《××××有限公司股权激励管理制度》已涉及的内容，按《××××有限公司股权激励管理制度》及相关规章制度的有关规定解决；

•《××××有限公司股权激励管理制度》未涉及的部分，按照

甲方《股权激励计划》及相关规章解决；

•公司制度未涉及的部分，按照相关法律和公平合理原则解决。

（2）乙方违反《××××有限公司股权激励管理制度》的有关约定、违犯甲方关于激励计划中的规章制度或者国家法律政策，甲方有权视具体情况通知乙方，终止与乙方的激励协议而不需承担任何责任。乙方在协议书规定的有效期内的任何时候，均可通知甲方终止股权协议，但不得附任何条件。若因此给甲方造成损失，乙方应承担赔偿损失的责任。

（3）甲乙双方因履行本协议或与本协议有关的所有纠纷应首先以友好协商方式解决，如双方无法通过协商解决的，任何一方可将争议提交甲方所在地人民法院解决。

本协议经甲乙双方签字盖章后生效。本协议一式两份，双方各执一份，两份具有同等法律效力。

甲方盖章：

法人代表签字： **乙方签字：**

日期： 年 月 日 **日期： 年 月 日**

·附录四　竞业禁止协议书

甲方姓名：	乙方姓名：
身份证号码：	身份证号码：
身份证地址：	身份证地址：
联系电话：	联系电话：

鉴于乙方知悉的甲方重要的商业秘密，为保护双方的合法权益，根据有关法律法规，本着平等自愿和诚信的原则，经协商一致，达成下列条款，双方承诺共同遵守：

1. 竞业禁止行为

本协议所称的竞业禁止是指乙方在劳动合同期限内及无论何种方式终止劳动合同之后的一定年限内，不得以以下方式从事与甲方相同、相近或有竞争情形的其他相关业务：

（1）以投资、参股、合作、承包、租赁、委托经营或以其他方式从事与甲方相同、相近或有竞争情形的其他相关业务；

（2）直接或是间接受聘从事其他公司或组织与甲方相同、相近或有竞争情形的其他相关业务。

2. 竞业禁止期限

本协议约定的竞业禁止期限为双方劳动合同终止后一年。

3. 本协议所指与甲方相竞争的竞业禁止行业业务，包括但不限于以下行业：

（1）培训行业，包括以营利为目的或者非营利为目的的与甲方经营业务相同或者相近的培训企业或者其他组织；

（2）教育行业，包括各种形式的与甲方经营业务相同或者相近的学校、教育机构或者其他组织等；

（3）软件技术开发行业，包括与甲方使用的软件相同或者相近的软件开发；

（4）咨询行业，包括信息咨询、企业管理咨询、企业形象策划等与甲方营业范围相同或者相近的行业。

4. 竞业禁止地域

乙方承担竞业禁止义务的地域范围指中国内地、香港、澳门。

5. 补偿

（1）在劳动合同终止后，乙方应在离职当日签署书面《履行竞业禁止协议确认书》；

（2）在乙方履行竞业禁止义务期限内，甲方向乙方支付约定数额的竞业禁止补偿金。补偿金的标准为该员工离开企业前最后十二个月月平均工资的二分之一。补偿金按每月支付，在此期间如果甲方停止给付补偿金，乙方不再履行竞业禁止义务。

6. 监督

甲方有权对乙方履行竞业禁止义务的情况进行监督与检查，乙方应当以下列方式配合甲方的监督与检查：

（1）每次变更工作单位都应当在变更之日起 15 日内向甲方提供工作单位名称、职务证明、单位电话等，以便甲方核实；

（2）每季提供一份由其人事档案存档机关出具的证明其劳动关系的证明文件；

（3）每季提供一份证明其任职单位为其交纳社保的证明文件。

7. 违约责任

乙方不履行或违反本协议约定的竞业禁止义务，应当向甲方支付违约金。违约金额为本协议约定的竞业禁止期限补偿金总额的5～10倍，并一次性支付给甲方，核定权归甲方。

8. 争议解决

因本协议引起的纠纷，由双方协商解决。如协商不成，则通过甲方所在地法院诉讼解决。

9. 协议效力

本协议一式两份，双方各执一份，自双方签字盖章之日起生效，具有同等法律效力。

甲方盖章：

法人代表签字： **乙方签字：**

日期： 年 月 日 **日期： 年 月 日**

·附录五　保密协议书

甲方姓名：	乙方姓名：
身份证号码：	身份证号码：
身份证地址：	身份证地址：
联系电话：	联系电话：

鉴于甲乙双方已签署《劳动合同》建立劳动关系，且乙方在工作过程中知悉或可能知悉甲方的商业秘密，为保护甲方合法权益不受侵犯，甲乙双方本着平等自愿和诚信的原则，协商一致达成如下协议并承诺共同遵守：

1. 本协议的商业秘密是指不为甲方以及甲方的关联公司以外的公众所知悉、能为甲方带来经济利益，具有实用性并经甲方采取保密措施的技术信息和经营信息。具体范围和密级以《公司保密规定》为准。

（1）经甲方和第三方协议约定的保密信息视同甲方的商业秘密，适用本协议；

（2）本协议中所指的关联公司是指由本公司控制的法人或者非法人实体。

2.《公司保密规定》作为本协议附件，是本协议的补充。

3. 乙方的薪资包含保密费。

4. 乙方应当遵守甲方的保密制度。甲方的保密制度没有规定或者存在规定不明确之处，乙方亦应本着谨慎、诚信的态度，采取必要、合理的措施，维护其于任职期间知悉或者持有的任何属于甲方或者虽属于第三方但甲方承诺有保密义务的技术秘密或其他商业秘密信息。

5. 禁止任何人窃取甲方商业秘密。乙方对其发现的窃取甲方商业秘密的行为负有揭发、举报义务，甲方对乙方揭发、举报行为进行奖励。

6. 乙方不得未经甲方授权或者许可，以摘抄、复制、传真、拍照、电子邮件等方式占有、传播、出售、使用或允许他人（包括不该知悉该项秘密的甲方的其他职员）使用甲方的商业秘密。

7. 甲方有权对乙方是否履行保密协议进行检查。乙方未按照甲方保密制度和本协议约定的要求履行保密义务，甲方有权根据绩效考核制度予以处罚，涉及乙方各项奖励、奖金、股权激励甲方有权依据企业规定取消或者扣减。

8. 乙方承诺以电子数据形式记存甲方商业秘密的软件、文档的使用范围只限于甲方所有的计算机系统。

9. 乙方与甲方的劳动关系终止（包括解除）的，应当办理商业秘密的交接手续，销毁或者交还该信息副本，未办理或者未办理完全商业秘密交接手续的，不得离职。

10. 在劳动合同解除或终止后，乙方仍对在劳动合同有效期间获知的商业秘密负有保密义务。

11. 乙方违反本协议约定，甲方有权给予乙方处分。给甲方造成损失的，乙方还应承担赔偿责任，该损失包括实际损失和可得利益损失。

12. 乙方违反本协议约定，泄露甲方机密级商业秘密两次以上的或者泄露甲方绝密级商业秘密的，甲方有权单方立即取消所有的激励制度并解除与乙方的劳动合同，并不承担任何补偿责任。

13. 因乙方违反本协议所约定的义务，而导致甲方需向第三人承担侵权赔偿责任的，甲方有权向乙方追偿。其费用包括但不限于由此产生的诉讼费用和侵权赔偿费用等。

14. 因履行本协议发生争议的，双方首先协商解决。协商不成时，任何一方均有权向甲方所在地人民法院提起诉讼。

本协议自甲乙双方签字盖章之日起生效，一式两份，双方各执一份，具有同等法律效力。

甲方盖章：

法人代表签字： **乙方签字：**

日期：　　年　月　日 **日期：　　年　月　日**

·附录六　股经

精神穹宇当头照，战略推演共探讨；
顶层必须做布局，章程内容细推敲；
运营模式很重要，量化细化定目标；
五步连环丝丝扣，虚实结合要记牢；
激励额度要科学，股权定价细斟酌；
进入必须有条件，退出机制沟通好；
股权对岗不对人，股随岗走莫忘了；
人走股留待下任，人走股走最糟糕；
对内激励要增长，对外裂变智慧妙；
内部激励要公平，外部融资定价巧；
股权奖励不可用，股权激励价值高；
奖励激励须区分，过去未来要明了；
十二精髓了于胸，与时俱进方法导；
循环激励最为妙，收放自如智慧高；
股权激励大系统，切莫个人瞎推敲；
学会股权大智慧，富过三代传家宝；
商海多少英雄汉，成功皆因拜股经；
二五二字记心上，腐朽瞬间化神奇。

·后　记·

作为在股权激励培训业从业数十年的人来说，写出这样一本书并不如想象中的那么容易。我是一个思路上天马行空的人，讲课讲了这么多年，一直都是随性而至，并没有形成按照成稿逐节讲解的习惯。我喜欢和我的学员们直接交流，有时候在课上遇到相熟的朋友，还会叫上他们一起，在课堂上分享他们成功或失败的经验。

因此当我打算将这些年来的一些小小的心得整理成册时，才发现其实那些课堂上烂熟于心的内容，转化成铅字之后，却显得很是枯燥，没有灵动的美感。写得复杂了，会显得深奥难懂，写得简单了，又太过浅显，不能给读者们带来切实的帮助。思前想后，踌躇多日，我终于还是写出了这样的一本书稿。

这不是我出版的第一本书，也不会是最后一本。但作为一个完美主义者，我永远不能给自己打出100分，包括这本书也是一样。本书中所涉及的内容，不过只是股权激励研究中的一小部分。只能说，我自己也还在股权激励研究的路上摸索，所得之道，不过冰山一角。每每研究中有新的成果出现，都能让我兴奋和激动。

在本书中，我融入了一点“股经”的概念，这是我从股权激励研究中，总结出来的精华252字。我本想将它们拆分成一个个14字短句，穿插在书中的各个章节，以小贴士的形式出现，然而在编写的过程中，发现这样有损股经的完整性，几经思量，我决定将它完整地展示在附录当中，有兴趣的读者朋友们可以仔细阅读。限于篇幅的原因，没能给大家展开来讲，十分遗憾。如果有机会，我希望能当面讲给读者们听。

可以说，股经是我多年来教学理念的一个总结和升华，虽然几易其稿，却也是令我引以为豪的一个作品。相信参加过我培训课的朋友们，一定都能感受到。在授课过程中，我也经常带领大家一起诵读股经，参悟其中的股权管理精髓。做企业的人，不能不懂股权，也不能认为自己永远走在行业的最前沿。诵读股经，就是时时刻刻提醒着大家，也提醒我自己：“二五二字记心上，腐朽瞬间化神奇。”

在本书的出版过程中，特别感谢周宇林、张勇、刘卫平、陈洲以及森冠文化的高丹、韩卫东的支持。很多书中的想法，也是大家一起讨论研究得出的。在此，非常感谢这样一些朋友能够在我身边。

最后想要告诉大家的是，作为华一世纪的董事长兼首席导师，我开设了有关股权激励的两门经典课程，一个领袖智慧班，主要讲述战略、模式、股权和资本；一个精华落地班，主要涉及绩效、方案、工具和落地。如果有读者对我的课程感兴趣，欢迎前来沟通和交流。

再次感谢你们的阅读。

单海洋

2016 年 12 月